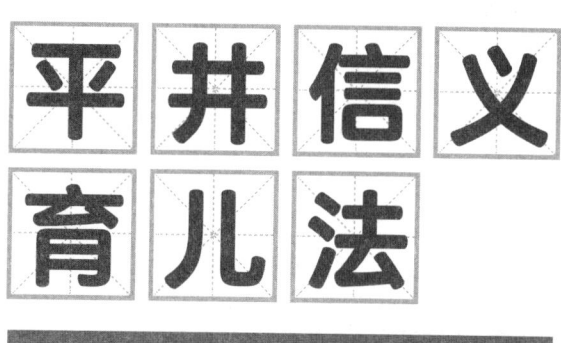

如何培养0-5岁的孩子

【日】平井信义◎著　凌文桦◎译

北京日报出版社

图书在版编目（CIP）数据

平井信义育儿法：如何培养0-5岁的孩子／（日）平井信义著；凌文桦译．－－北京：北京日报出版社，2020.4

ISBN 978-7-5477-3598-5

Ⅰ．①平… Ⅱ．①平… ②凌… Ⅲ．①儿童教育—家庭教育 Ⅳ．① G781

中国版本图书馆CIP数据核字（2020）第032597号

北京版权保护中心外国图书合同登记号：01-2019-6471

5 SAI MADE NO YUKKURI KOSODATE
Copyright © 1992 by Nobuyoshi Hirai
First published in Japan in 1992 by PHP Institute, Inc.
Simplified Chinese translation rights arranged with PHP Institute, Inc.
through CREEK & RIVER CO.,LTD. and CREEK & RIVER SHANGHAI CO., Ltd.

平井信义育儿法：如何培养0-5岁的孩子

出版发行	北京日报出版社
地　　址	北京市东城区东单三条8-16号东方广场东配楼四层
邮　　编	100005
电　　话	发行部：（010）65255876
	总编室：（010）65252135
印　　刷	三河市京兰印务有限公司
经　　销	各地新华书店
版　　次	2020年4月第1版
	2020年4月第1次印刷
开　　本	710毫米×930毫米　1/16
印　　张	9.25
字　　数	107千字
定　　价	42.00元

版权所有，侵权必究，未经许可，不得转载

5歳までの
ゆっくり子育て

卷首语

我迈入花甲之年已经有 13 个年头了。到了花甲之年，可以说人生已经告一段落了，剩下的岁月用"余生"这一词来形容或许更加妥帖吧。那么究竟该怎样度过余生？我大约是在 40 多岁时便开始考虑这个问题了。与其这样说，不如说 40 多岁起我便已在思考究竟应该怎样度过余生才好。同班同学的死讯刺激到了我，每年都会有我所认识的大学时代的同窗友人死于急症，好好的一个人就那么撒手人寰，并且已经连着三年都是如此。同学聚会的时候，大家伙儿都是一脸郁闷，猜想着下一个将会是谁，每个人都不希望轮到自己，而且每个人都惴惴不安，心事重重。

友人之死对我来说是个沉重的打击，因为我们根本不知道明天会发生什么，也不知晓自己天命几何，我觉得我们应该珍惜每一天的生活，让自己在离世之前过得更加充实。这样一来会使得自己变得更加积极，而且能使得自己更加果断。

我并非真的不怕死，而是我早有心理准备——"死亡，它随时都会造访。"

我经常会说，我已经做好了死亡的准备，但是不少学生对我说："老师，您会长寿的。"但是这样的话也只是一种安慰。人呐，根本不知道自己何时会辞世。因此，我们对死亡要有充足的准备，事先把一些事宜都安排妥当是十分重要的。这是人类自出生后就已经决定好的，因为我们自出生后就逐步走向死亡。

我们的余生将会变得怎样？关于这一点，因为我跟妻子给了孩子们足够的自由，因此我们只需要考虑我们两个人的生活将会变得怎样就行了。我想把过去留存到现今尚未实现的梦想尝试一番，其一便是想学茶道。在学生时代时，我便对茶道钟爱不已，如今回想起来，依然心潮澎湃，于是我买了茶壶回来，打算每天煮香茗自娱自乐。因为妻子也学过煮茶之道，因此她也非常赞同我的想法。

此外，我还打算以自己的风格翻译汉斯·卡罗萨的小说。他是我曾一度迷恋的德国作家，也是一名医生。彼时，我正热衷于他，故此时常梦想着想要过跟他一样的悠闲日子。

当我到了花甲之年，我的三个孩子都已经结婚了。不管怎么说，因为孩子们都已经结婚了，作为父母的我们有一种卸下重担的感觉，并且告诫孩子们："你的人生今后就要靠你自己了。"我认为这是一种让他们能够感受到责任的表现。

但是，儿子们考虑了诸多问题，最终决定跟自己的妻子都落户在我们这儿。次子先于长子结婚，夫妻二人占领了二楼的房子，接着长子夫妇说要单门独户，就住在我父母（孩子们的祖父母）曾住着的那间房子。于是就成了同一屋檐下住着三户人家。没过多久，孙儿们出生了，次子家的女儿比长子家的儿子晚了一个星期。而且长子夫妇两人都是在职职工，我的妻子就不得不忙于照料孙儿了。想起妻子曾说过想要照顾几个邻居家的小孩，这一梦想最后通过孙儿们得以实现了。

待到两个孙儿差不多2岁的时候，我女儿的孩子也出生了。这可是我们的第三个孙儿。因为女儿的丈夫十分繁忙，所以自孩子出生后，他们就把孩子交给我们带了。可是孩子来我们家没几日，便被诊断为"新生儿脑膜炎"。顿时我们眼前发黑，不知该如何是好。多亏了友人的鼎力相助，孙儿才算挽回了一条命，但是我们又为是否有后遗症而忧心忡忡。两个半月后，孩子才从医院出来，留在了我家，但是仍需时不时去医院做检查。就这样，同一屋檐下变成住着四户人家。

女儿有了第三个孩子后，女婿变得更加忙碌，无奈之下，女儿又不得不搬到我们这儿。孩子饿了想要喝奶，时不时地哇哇大哭，3岁以下的孩子不是捣蛋就是互相打架。等过了4岁，三个孩子热衷于玩游戏、大声叫喊，不停地从一个房间到另一个房间，把每个房间都弄得乱七八糟，如台风过境一般，甚至连踏足之地都没有。下班回家的我，每天第一件事就是先把房间打扫干净，先把自己休息的地方整理出来。经常一打扫就要打扫30分钟以上。其余的一些事宜就要等孩子们睡着了之后才能进行了。

但是，通过跟孙儿们一起生活，我也从他们身上获得了十分重要的研究课题。我把自己的孩子们都当作研究对象，将具体观察记录在案，并写了一本书，孩子们一个接一个地出生，对我们来说简直就是"养育孩子大作战"。

然而我凭借十分轻松的心情跟孙儿们交往得很不错，总而言之，还是有很多欢乐的。那是因为在培养孩子这件事情上，我十分淡定从容，可以跟他们产生共鸣。之所以这样淡定从容，因为我可以站在孩子的立场来思考、理解孩子的心情。若是能够了解孩子的心情，就不会肆意发脾气，责骂孩子。

通过日常跟孙儿们的互通，让我明白培育孩子的自主性是十分重要的。所谓自主性，就是自己思考，自己创造玩法，自己动手解决问题的能力。这能力需要依靠"自由"才能得以发展。关于这一点，我清楚地看到，若是一味地命令孩子做这做那，孩子的自主性发展就会扼杀。孙儿们各自充满了自主性。不论是独自一人玩耍的时候，还是一起玩耍的时候，都是如此淘气活泼。孩子们会这般淘气活泼意味着他们的自主性十分旺盛。

有关主动性和创造性的发展，我已经坚持了14年。我想这个研究如果能够完成，那么也是世间的一种财富了。

我也开始研究孩子在4岁前后所表现出的诙谐和主动性的发展关系，关于"体贴他人"之心的研究也一直在进行中，所以我每天都把时间放在研究工作之中。去年退休了，我也进行各种工作。我每天的睡眠时间不多，相比那些睡八个小时的人，我已经多活了六七年，所以对于死亡，我并不畏惧。

福禄贝尔[1]说孩子们的玩耍并非是享乐，他定义这是一种创造。而我个人也是一个非常喜欢玩乐的人，我喜欢跟同事和学生一起喝喝酒，

---

[1] 福禄贝尔：弗里德里希·威廉·奥古斯特·福禄贝尔，德国教育家，被公认为是19世纪欧洲最重要的几个教育家之一。现代学前教育的鼻祖。他不仅创办了第一所称为"幼儿园"的学前教育机构，他的教育思想迄今仍在主导着学前教育理论的基本方向。福禄贝尔的教育思想与实践对世界各国幼儿教育的发展起到深远的影响。——译者注

喧闹一番，当午夜 12 点前后，我喜欢一个人喝着威士忌，听着喜欢的歌手的歌声。

每年我都要跟妻子进行一次海外旅行，让妻子从繁忙的家务事中得到解放。我一个人担任翻译和导游双重角色，当然还要负责掏腰包。对于妻子，她只需要放松心情，尽心游玩就好。

本书也献给我挚爱的妻子，成婚 48 年来，她尽心尽责地照顾家庭，照顾孩子，在照顾孙儿的同时还要照顾儿媳妇们。因此一到晚上她就精疲力竭。孩子们之间没有任何摩擦，而且她与媳妇们都相处甚欢，妻子为了我们这个大家庭付出甚多。

我不知道自己还能活多久，我希望只要活着，我还能维持现有的状态。但是硬要说有什么想法的话，我期待我能看到孙儿们长大成人。这至少还得十年。有时候我会觉得这可能有点长。不管怎么说，我们都要珍惜生命，让每一天都尽可能过得充实。

平成四年五月（公历 1992 年 5 月）
平井信义

目录

第一章 在孩子出生之前　1

* 和孩子一起玩耍以及"亲肤育儿法" / 2
* 我愿意接受带孙儿的理由 / 4
* 准备一个可以让孩子恶作剧的保育环境 / 5
* 保育的目的是为了培养孩子们的自主性和"体贴他人"之心 / 6
* 反抗期是人格形成所不可缺少的要素 / 8
* 管教的基本是培养"体贴他人"之心 / 10
* 孩子自出生后就有着良好的脾气和性情 / 12

第二章 出生后的三个月内　17

* 欢笑可以促进孩子的情绪发展 / 18
* 怎样理解孩子哭泣所表达的信息 / 20
* 亲肤育儿法的效果 / 21
* 一边喂奶，一边跟孩子说话 / 22
* 湿尿布要勤换 / 24
* 没必要强迫孩子去睡觉 / 25
* 全家配合才能培养出好孩子 / 25
* 孩子生病时该如何应对——我家的情况 / 28

第三章 出生后三个月到八个月　31

* 怕生是孩子信任妈妈的证明 / 32
* 怎样预防孩子不怕生 / 33
* 一个人玩耍 / 35
* 如何帮助孩子培养良好的生活习惯 / 36
* 家庭成员的教育任务 / 39

第四章 出生后九个月到一岁零两三个月　45

* 真正的"好孩子"是怎样的孩子 / 46
* 不允许孩子恶作剧的反效果 / 48
* 我们需要心平气和来面对孩子的恶作剧 / 51
* 孩子能够站立之后如何带孩子玩耍 / 53
* 培养孩子恶作剧和敢于冒险的积极性 / 54
* 对孩子进行管教绝对不可以操之过急 / 56

第五章 一岁零三四个月到两岁半　67

* 妈妈是孩子心灵的依靠 / 68
* 如果妈妈的温暖形象没有被孩子铭刻在心该怎么办 / 70
* 缠着妈妈撒娇可以使孩子情绪稳定 / 72
* 看似是"小气鬼"实际是因为物权意识的发展 / 74
* 与"第一叛逆期"的孩子的交往方式 / 76

第六章 两岁半到三岁半　79

* 怎样让孩子交上朋友 / 80
* 社会性和自主性通过"打架"得以提升 / 83
* 生活习惯的培养要让孩子自己来完成 / 84

第七章 三岁半到五岁左右　101

* 为了培养能够清晰表达自己意见的孩子 / 102
* "开玩笑"和"闹笑话"是幽默精神的萌芽 / 104
* 孩子不能和朋友们融洽地玩耍时应该怎么做 / 105
* 孩子喜欢用肢体来撒娇的重要时期 / 108

第八章 三代同堂　111

* 通过毫无拘束感的三代同堂找回家庭的温暖 / 112
* 首先要学会做一个敢于对父母说"不"的人 / 116
* 只有懂得体贴他人的父母才能培养出体贴他人的孩子 / 119
* 可以发展孩子的积极性的环境是指什么 / 121
* 所谓自由的本质，就是对于教育不要操之过急 / 124
* 培养 21 世纪的栋梁之才 / 127

后　记 / 131

第一章 在孩子出生之前

5歳までの
ゆっくり子育て

和孩子一起玩耍以及"亲肤育儿法" /

我愿意接受带孙儿的理由 /

准备一个可以让孩子恶作剧的保育环境 /

保育的目的是为了培养孩子们的自主性和"体贴他人"之心 /

反抗期是人格形成所不可缺少的要素 /

管教的基本是培养"体贴他人"之心 /

孩子自出生后就有着良好的脾气和性情 /

✱ 和孩子一起玩耍以及"亲肤育儿法"

我有两个儿子和一个女儿，而我对这三个孩子的培养目的就是要把他们培养成有自主性，有"体贴他人"之心，并且有着健康人格的孩子。因此，平时我在给予孩子们自由的同时，也充分利用空余时间和孩子们一起玩耍或是尽可能多地利用"亲肤育儿法"。我本身就是一个喜欢孩子的人，而且跟孩子一起玩耍又十分快乐，所以我觉得在和孩子玩耍的过程中能够自然而然地做到以上我想要的。

因为我家有庭院，所以我们利用庭院带着孩子体验户外玩耍。孩子们可以在庭院里挖洞，也可以自由地爬树。然而我的孩子们不允许我的父亲进入庭院，因为庭院对孩子们来说是十分重要的。由于我的父亲十分热衷园艺，时常要修剪庭院里的花草树木，孩子们惧怕他们的欢乐世界被爷爷破坏，故此十分抗拒爷爷进入庭院。天气晴美的日子，孩子们大多数时间都是在庭院里玩耍。因为有一个沙坑，孩子们有时朝沙坑里倒水，有时候挖沙子，研究出各种各样的玩耍方式。

我给孩子们准备了一个房间，在这个房间里边，孩子们可以随意玩耍。不管在里面如何闹腾，或是涂鸦，只要在这间房间内，他们就能够得到一切自由。而我要做的就是保证他们在玩耍的过程中不受到太大的伤害就好。

因为三个孩子实在太过活泼，纸拉门窗的木框架时常会被折断，当时可没什么好的黏着剂，就算接上了很快就又断了，所以，我就索性不管了。但是我很认真地告诉他们，如果他们要淘气的话，只允许在这间房间内淘气。

孩子们是跟我们睡在一起的。因为跟孩子们睡在一起，我发现了很多有趣的事情。对于孩子们来说，母亲身边的位置就是最佳位置，那么到底谁睡在母亲身边呢？孩子们为此争了起来，最后我们决定采用轮流的方式。孩子们都不约而同地遵守规定。若是大人铺错了被子，哪怕是最佳位置，孩子们自己也会说："今天我不睡在这儿。"

陪睡，是制造亲子关系最佳的时机。

跟孩子睡同一个房间，如果孩子睡不着要求大人陪着一起睡觉的时候，我们可以第一时间给予回应。早上先醒过来的孩子如果钻到我和妻子的被窝来，我们也会十分欢迎。然后我们一起说说话，唱唱歌。孩子们一个个都醒了，有时候三个小家伙会一起钻到我的被窝里。这时候，有个孩子就会坐到我身上，因为身旁两个位置已经被另外两个孩子占据了。而且有时候可能是夜间做了噩梦哭着躲到我们被窝里来，我们就抱着孩子，哄他睡觉。通过这些办法，孩子们才会渐渐安静下来。

我们夫妇经常陪着孩子一起玩耍。或是你追我赶的游戏，或是相扑游戏以及其他一些奇奇怪怪的小游戏。我们喜欢淘气的小家伙，虽然他们经常把纸拉门窗戳破，把木框子弄坏。

✱ 我愿意接受带孙儿的理由

因为长子夫妇都上班的缘故,等他们的孩子出生之后,白天到底谁来带孩子成了一大问题。他们不想给我们增添任何麻烦,打算把孩子送入保育院,但是遭到了我们的极力反对。因为保育院在照顾不满三岁的孩童方面有着比较大的问题。

第一,保育院没办法保证孩子可以尽情地恶作剧。对于可以开始行动的孩子来说,他的恶作剧对象通常是身边的一些家具和日常生活用品。但是在保育院里缺乏这些东西,例如废纸篓。因为怕孩子调皮捣蛋,弄得到处都是垃圾,保育院里的保育人员通常会把废纸篓放置在孩子够不到的地方。纸巾也会被搁置在比较高的地方。我们可以经常看到一些已经厌烦了现有玩具的孩子不知所措的样子。这种情况的出现就意味着在人生的起跑线上,这些孩子的自主性发展已经延迟了。

第二,身体接触不够充分。当孩子发出"抱抱我"的信号时,保育院的工作人员没能及时做出反应,或者无视了孩子的要求,这就导致了一些孩子有了潜藏的不安情绪。特别是在家里也很少有机会跟父母有肌肤接触机会的孩子。

最后一个原因便是有的保育院工作人员会对孩子进行十分严格的管教。哪怕是面对一个不到一岁的幼儿,保育员为了不让孩子把饭菜打翻,都会强制孩子维持一定的姿势直至吃完为止;也有的保育员不愿更换尿片,希望孩子们在家里上完大号再来保育院,等等。这些所谓的生活习惯,夺走了孩子们的身心自由。

✱ 准备一个可以让孩子恶作剧的保育环境

当我考虑要带孙儿的时候，一间保育室就显得尤为重要。因为，假若没有单独的保育室，而是以我们的房间作为保育室的话，则会带来诸多不便。我们原本打算给房间更换新席子，以后可以在青翠崭新的席子上过着悠闲的日子，品尝香茗。但是一想到更换席子需要花费不少经费，就越发不想让孩子把席子弄脏。这样一来，就没办法培育孩子的自主性跟积极性，因为那时候我们肯定经常会对孩子们说："不行！""这样不可以！"诸如此类的话。

我们在房间摆设了很矮的小木床，但是孩子们在床上滚来滚去的时候会掉下来，或者不小心摔倒，所以我在床的附近铺设了柔软的绒毯。这样即便不小心摔下来，也不会因为太过疼痛而哭闹不止。孩子的哭闹通常会给周围的人带来一些苦恼：一哭就抱，孩子会变成爱哭的孩子；如果不抱，有的孩子会哭个没完，从而形成较强的依赖心理。

接着我们要考虑的是创造一个怎样的环境，即便他们恶作剧，我们也不会责骂他们并且制止他们。在他们未满三岁的时候，我们应该把孩子放置在我们看得到并且随时能够应对的范围内，并且把年长者认为是重要的东西以及一些危险的东西整理收拾好。

此外，我们还要考虑地震的事宜，搁置在高处的物品应该放在柜子里，因为地震时从高处掉落的物品很可能会砸到孩子的头。

不能幸免的还有拉门，孩子们有可能在上面进行各种涂鸦，或是用东西戳破。只要是在保育室里的东西，孩子们都会使劲折腾，我们一开始就要有足够的心理准备。如果连这点都无法忍受的话，那么一开始就不要带孩子。

✴ 保育的目的是为了培养孩子们的自主性和"体贴他人"之心

我之所以愿意照料孙儿，那是因为我想培养孩子的自主性跟"体贴他人"之心。这两点是人格形成的重大支柱，我们也可以将之称为"人格目标"。

在培养自主性的同时，孩子们的积极性也会逐渐旺盛起来。我在孙儿出生之前就已经开始研究有关自主性的发展，孙儿正是我最佳的研究对象。

自主性，就是自己进行思考，并且根据思考结果选择相应的行动，不依赖他人进行行动的一种能力。这种能力是人类与生俱来的对自由崇尚的一种表现，我们也可以认为这是一种自我独立性的发展。自己发现课题，然后通过自己的表达来实现，我们可以把它称之为"主体性"或是"独立心"。孩子通常是以玩耍的形式来表现出这种特性的，其中还包括了捣蛋、恶作剧以及冒险，和朋友们的打闹也是其中的一部分。面对大人命令式的压力做出的反抗，我们可以把它们统称为"自我主张"，这意味着孩子们正充分发挥着自己的能力。因此，自主性发展良好的孩子，会热衷于游戏，会调皮捣蛋，会恶作剧，会试着玩各种各样的冒险。如果是跟朋友们一起玩的时候，会时不时发生打闹，哪怕是兄弟手足之间也会时不时发生口角、打闹这样的事，其实这也是共同体验玩耍的乐趣。这种状态在七八岁之前特别显著。所以，当孩子很会玩的时候，就让他尽情地玩，能够恶作剧、冒险或是打闹的孩子应该被认为是很不错的孩子。

特别是在三四岁的时候，孩子们会特别需要朋友，跟朋友一起玩会显得特别快乐。到了七岁之后，这段时期被称之为"王者年龄"，孩子们会热衷于分成不同派系玩耍。这样的孩子我们也觉得很不错，这是因为这种能力是社会性发展良好的表现。交友的能力会在青春期帮助孩子们（这个时候孩子们会懵懂地对异性产生好奇或是好感），青春期正好是精神上的"断奶期"，也就意味着离开父母，开始有各种各样的烦恼，并且无法将之告诉父母。这时候最好的倾诉对象就是朋友。因为有很多的问题跟困扰是可以通过跟朋友聊天得以解决的。

而且关于自主性的发展，在面对父母的命令式压力下，必须要进行反抗。这个反抗期分为三个阶段，第一个阶段出现在2~3岁时，我们把它称之为"第一叛逆期"；7~9岁是"中间叛逆期"；我们把青春期这段时间称之为"第二叛逆期"。在"第一叛逆期"时，不管父母对孩子们说什么，他们都会通过说"不"来进行反对。在父母看来可能会觉得孩子有些任性妄为，无法接受，其实并非如此。因为孩子们自己不知道自己是否有能力胜任，会对任何事情都产生想要挑战的欲望。然而当他们真的开始试着做了才会恍然大悟，原来这是自己力所不能及的事情。这样会逐渐增加孩子们的判断力。所以当孩子们开始对你说"不"的时候，千万不要责骂他们，我们应该适当地对他们进行鼓励："你自己试着做做看吧！"这样就能帮助孩子们发展自主性。

"中间叛逆期"是孩子顶嘴最多的时期。如果父母跟老师对于孩子所做的事情进行责骂的话，孩子们会直接顶撞。这个阶段其实是在培养孩子们的评判能力。评判自己的能力我们也可以称之为"反省能力"，因此若是孩子说"那妈妈你自己做做看啊！"的时候，我们可以设身处地想一想，我们是否会跟孩子一样也失败呢？若是我们大人也失败了，我们就会忍不住叫起来："哎呀，是真的，妈妈也失败了！"如果我们表现出自我反省的态度，孩子也会一点点增加反省能力。

关于这一点，在欧美这样的民主社会，他们主张清晰表达自己的意见。不能清楚表达自己意见的人，会被认为是没有思考能力的人。因此在孩童时就要培养孩子说"Yes"或"No"的能力。

✳ 反抗期是人格形成所不可缺少的要素

提及这个话题，我不知不觉想起了我的三个孩子。长子刚上中学的时候，我就开始期待他迈入"第二叛逆期"。因为我自己就是在刚进入中学不久便进入了叛逆期。但是，令人出乎意料的是，长子并没有叛逆行为，我对此还十分担心。因为过去有这样的报道，说是老师还有僧侣的孩子进入青春期之后，便会出现一些扰乱社会的行为，都说这类家庭的孩子很危险。于是，我便去找孩子的班主任商量对策了。因为这位老师并不过度关注孩子学习成绩的问题，而注重于孩子人格的培养。我与妻子两个人申请跟老师见面商谈，针对为什么孩子不会出现叛逆期这个问题，进行了相互交流。老师担忧地跟我说道："真是让我猜对了。"接着，他又批评道："会不会是您这位父亲过于较真了呢？"我从来都没有斥责过孩子，在家的时候也比较散漫，也会当众放屁，总之，我不是一个顽固不化的父亲，也不会给孩子施加命令，增加孩子的压力。在那之后，我们夫妻两个还是像以往一样，每天晚上都会一起讨论孩子没有出现叛逆期的原因。幸运的是，到了暑假的时候，孩子开始叛逆了。我们跟他说什么的时候，他会说："你们真吵啊！"就连"给我闭嘴！"这种话都说了出来。我们总算松了一口气。因为之前我们从来不会命令孩子去做什么事情，因而孩子的叛逆情绪也不是特别强烈，尽管如此，这种叛逆期也差不多持续了半年。

在次子身上，叛逆期来得比较早。他的叛逆期是从六年级的暑假开始的。在从夏令营回来的时候，他的心情非常不好，母亲问他林间夏令营的生活怎么样时，他也是一副不耐烦的样子，什么都不回答。吃完饭之后，他便立刻回到自己的房间。我们猜想，他是不是在林间夏令营被老师批评了，或者是跟朋友吵架了？总之，我们觉得应该是发生了什么事情。因此，我们便给学校打电话，询问孩子在校期间的表现。但是，老师却跟我们说，孩子在校期间，是最活跃的，看上去非常开心。对于孩子心情不好的原因，当时我们实在是毫无头绪。大约过了十天以后，孩子的心情总算恢复了，趁着跟他一起洗澡，我便尝试着问他之前为什么心情不好。他是怎样回答的呢？他说："我们家太无聊了。"突然之间，我恍然大悟。我在中学的时候也面临过同样的状况，在外边很活跃，回到家之后，母亲永远都是摆着同一副面孔，以同样的腔调跟我说同样的话，而我对此则是十分反感，无法忍受这种单调的家庭生活。想起这些，我终于明白，这孩子是进入青春期了啊。我的第三个孩子是个女孩，这孩子因为见识过前面两位哥哥的叛逆期，于是，她会说："我马上也要进入叛逆期了，到时候请多多指教。"之后她也开始不听我们的话。几个孩子的叛逆期都持续了半年左右就结束了。进入高中之后，孩子们逐渐变得稳重，成为值得信赖的孩子。

对于孩子将来的职业选择、结婚对象的选择，我也没有插手。每个孩子都从事着自己选择的职业，积极地工作着，跟自己喜欢的人结婚，过着和睦的日子。每个孩子都有了自己的下一代——就是我们的八个孙儿。

回顾孩子的成长历程，我认为给予孩子自由，促进孩子自主性的发展，使其成为拥有高昂情绪的一个人，比起任何事情都重要。我几乎从来都不会斥责孩子，更加不会体罚。所谓的体罚，就是给孩子造成外伤。父母要是打伤孩子，给孩子做了坏的示范，孩子就会对其他人使用暴力。

* 管教的基本是培养"体贴他人"之心

提及这样的话题，那么必定有人提出关于如何管教孩子的问题。我认为，首先要培养"体贴他人"之心，而体贴之心的养成只需要父母以身作则即可。

在研究自主性发展这一课题的过程中，有两点已经得以明确。其一便是之前我一直说的，注重孩子的好奇心（兴趣），允许其自己寻找玩耍的机会，让孩子痛痛快快地玩耍。让他们在恶作剧、冒险、吵架过程中，积极表达自己的想法。我们称这一点为"自主性"。同时，还要培养他们对自己的言行举止进行自我反省，努力克服以自我为中心的能力。这种能力也是一种自我控制的能力，也可以称之为"自律性"。没有这种能力的话，孩子便有可能成为一个任性的人。为了让孩子不变成一个任性的人，那么便要培养他的体贴之心。拥有体贴他人之心之后，为了不对他人造成麻烦，为了让他人开心，孩子自己也会从各方面去考虑，从而选择恰当的行动。

但是，应该怎样培养体贴之心呢？作为父母，应该从孩子刚出生时就开始给予关怀。婴儿会通过哭闹的方式表达自己的需求。也就是说，哭是不开心的表现，孩子为什么会哭呢？因为通过哭的方式可以将孩子从这种不开心的状态中解放出来，是父母培养关怀之心的第一步。此外，在两个月前后，婴儿开始学会微笑。这个时候，你会被他的可爱所感动，你会去逗弄他，而他也会享受到被逗弄带来的乐趣。特别是孩子哭闹时，将孩子抱起来有助于减少他的不快，即便他饿了，也会立刻停止哭泣。由此便可得知，亲肤育儿法该是有多重要，从这一点来看，父母是否具备解读孩子情绪的能力也应该是值得探究的。父母的体贴之心，对于孩子的体贴之心的萌芽大有裨益。因此，无论是对于自己的孩子们，还是对于孙子辈们，我们都特别重视孩子出生后半年的育儿工作。

出生后半年间，充分体验过亲子关系的孩子肯定会出现认生的现象，见到不熟悉的人，他们会表现出害怕的情绪，而对于自己熟悉的人，则会紧紧抱住不松手。紧紧抱住不松手这一行为，只有在孩子对那个人十分信赖时才会表现出来，也就是说父母是值得他们信赖的人。我们的孩子，还有孙子，在这一行为的强度方面虽然存在个体差异，但是每个人都明确表现出认生的行为。家人众多，与外人接触机会多的孩子，他们的认生程度相比来说会有些弱。

在一岁之前，孩子哭的时候，父母是怎样处理的，是否能跟孩子一起开心地玩耍呢？对于这些问题的处理方式，会直接影响孩子的体贴之心的萌芽方式。特别是，孩子想要一个人玩耍的时候，要充分认同他的想法。当他想要跟大家一起玩耍时，大人便开开心心地陪他一起玩。这些行为都有助于孩子的关怀之心得到进一步发展。并且，婴儿的表情会变得丰富，婴儿语言也会增加，而且他还会主动跟人搭话。如此一来，建立情绪上的人际关系的能力也会得以培养。

具有体贴之心的孩子，他们会经常去看对方的眼睛。这是因为，一个人的情绪会通过目光反映出来。通过看对方的眼睛，便可以了解到他是开心的、快乐的，还是悲伤的、生气的。这种能力的养成虽然是很缓慢的，但是过了一岁之后，孩子便会掌握相当清楚地领会对方心情的能力。

另外，孩子学会走路之后，便会模仿父母做的事情，当看到父母在做事情的时候会想要上前帮忙。当然这对于想要高效率做完事情的父母来说，肯定是一种妨碍。但是，注重孩子想要帮忙的心情，让孩子去帮忙，之后对孩子说声"谢谢"，这种处理方式可以让孩子通过帮忙这件事体验到快乐。这样一来，孩子便会逐渐变得积极主动地去帮忙。因此，在我的孩子，或者是孙子表达出想要帮忙的想法时，即便我清楚地知道他们会妨碍我做事，即便他们做不好，我也会找到他们可以帮忙做的那部分，花时间让他们过来帮忙。

✶ 孩子自出生后就有着良好的脾气和性情

在孩子一岁到两岁半期间，是孩子与母亲之间亲子关系发展的最重要时期。如果当孩子感到焦虑不安，或是疲惫、困倦的时候，妈妈可以把他们抱起来放在自己的膝盖上。通过与妈妈的肢体接触或是撒娇，能够使他们不安的心灵逐渐得到抚慰。只有不安的心灵得到了来自妈妈的慰藉，孩子们的情绪才能逐渐稳定下来。这是因为母亲温柔的形象被印刻在孩子们的心灵深处。直至孩子长大成人，母亲在他们心灵中的地位也是牢不可破，任何人都无法动摇的。其实对孩子来说，不仅母亲的存在十分重要，父亲的存在也是同样重要的。尤其是在这一阶段能和孩子玩到一起，并且是最佳玩耍伙伴的爸爸。在和孩子游戏的过程中，他们高大温暖的形象逐渐被刻录在孩子们幼小的心灵里。这将成为孩子们"体贴他人"的基础所在。

　　我们夫妇俩不仅经常把孩子放在膝盖上，还会背着孩子。当然还常常陪着孩子一起睡觉。而且，有时候孩子们把我们当作"大马"骑在我们身上，时不时跟我们一起玩捉迷藏。对于孩子来说，我们夫妇俩是很好的游戏伙伴。其实不论是孩子还是我们，如果玩得过度，就会出现腰酸背痛、肩膀僵硬的症状，这当然是因为我们过于热衷游戏，所以总是不知不觉便玩得疯狂起来。但是，孩子们最喜欢的还是和自己的父母一起玩耍。我想那是因为他们一直记着和父母一起玩游戏的那份乐趣。

　　此外，我觉得公平对待家里所有的孩子，对培养孩子体贴他人的情操是很有帮助的。这里所说的"公平对待"，并非是指同样对待。因为兄弟姐妹间各自有各自的立场，而且发育程度也各不相同。我们可以站在他们的角度，感受一下他们的心情。例如，这个阶段曾经对第一个孩子做过的一些事，等到下一个孩子到了这个阶段时，也可以尝试重复之前对待第一个孩子的行为。

　　在孩子未满四岁之前，不要对孩子说："你是哥哥（姐姐）。"因为在孩子过了四岁之后，他们也能自觉地开始意识到自己是长兄（长姐）。在孩子还没有意识到这一点之前，因为后面一个孩子出生的关系，强制性对第一个孩子说"你是哥哥（姐姐），你要像一个哥哥（姐姐）"之类的话，无异于是对孩子施加压力。这会使得他们的不满日益积累，最后形成爆发和反弹。他们就会常常欺负较小的孩子，这样的事屡见不鲜。公平对待所有孩子的结果就是，孩子们并不会以自我为中心，也不会非常自私地只为自己寻求好处。如果我们有了好吃的，必然是把它们平均分配给孩子们，如果是给孙儿们买东西的话，我们也会时刻谨记公平对待，不出现偏差行为。即便是要旅行，也会考虑孙儿们的情况。孩子们在我们的熏陶下，自然也学会了凡事都要懂得征询他人意见，其实，这就是体贴他人之心的成长。等孙儿们过了三岁之后，我们经常可以看到他们在分配点心等物品的时候，尽量做到平均分配的行事方式，这让我感到十分安慰。

我的孩子们也经常打闹，孙儿们当然也是经常撕扯成一团。当然我不会对他们的这种行径做出任何评判。我有时候会劝说他们，让他们尽量友好地玩耍，但绝不会说谁好谁不好。因为大人对孩子的打闹做出评判，必定会使得一些孩子心生不满。尤其还会使得那些被欺负的孩子在心里残留下暴力倾向。这些将会妨碍孩子们体贴他人之心的产生。

所幸，我的那些孩子们虽然从外面看起来说不上感情有多好，但是无论谁有了麻烦，其他人都会鼎力相助。或许正是因为这个原因，儿媳妇们之间也是如此，谁有了麻烦，大家都出一把力。女婿也和儿子们相处得甚为融洽，时不时聚在一起浅酌小饮。最让我感动不已的是，我的妻子从未对儿媳妇们恶言相向过。这也是儿媳妇们孝敬我妻子的最大原因所在。

如此想来，我们就能明白了，要培养体贴他人之心，不仅需要良好的人际关系，还需要营造舒适的居住氛围。为了培养体贴他人之心，就需要不拘谨的生活。因此，自由是十分重要的。唯有自由的行动才能创造出无拘无束的环境。这才有利于培养体贴他人之心。在这方面，可以从儿媳妇们面对我们两个年长者丝毫不会感到局促不安这一点看出。我们不会使用一些郑重其事的用词，在礼仪方面也不会显得特别拘泥局促。她们在我们面前显得十分自然随性。我也喜欢儿媳妇们这种无拘无束的样子，我知道这是儿媳妇们顾虑到我的想法。我最喜欢的一把椅子成了孙儿们的游戏道具。他们十分高兴地坐在上面使劲摇动，有时候会把椅子弄个底朝天。但是只要我对他们说："爷爷要用这椅子了。"他们会马上说道："好的！"并且把椅子让给我。随着孙儿们的年龄逐渐大起来，这种体贴他人、礼让他人的行为越加明显。我知道这是孩子们的自律性得到了充分的发展。因此，不必太过严格的管教其实是挺不错的。

在管教论者中经常会提到一个成语叫作"趁热打铁"，意思就是对于孩子的管教要一步贯彻到底，彻底纠正孩子不当的举止，不留任何后患。很多人都认为德国的教养是基于性恶论。这里所谓的性恶论，是指人一出生就具有邪恶本质的想法。因此为了变成良善之人，在小时候就必须进行严格的管教。但是，当我看着孩子们，根本不觉得他们生性邪恶。反而我觉得他们本身拥有不少良善品行。有的行为几乎可以说是"天使般"的行径了。

我在撰写本书的时候，我的第六个孙儿守人只有一岁半，他经常一边叼着奶嘴一边看着我。那是因为他对我写字感到十分好奇。看着孩子稚嫩新奇的眼神，我知道他在期待我把笔递给他。在递给他笔的时候，我还把我的稿纸也递给了他。小家伙一拿到笔跟稿纸，立刻兴奋地在上面涂鸦。为了防止小家伙对我的书稿捣乱，我只能不断地在他耳边说："这些对爷爷来说是非常重要的哦……哎呀呀，被你涂成这样了呀。"当然我绝不会大声斥责孩子，当我说这些话的时候，孙儿立刻用清澈的眼睛目不转睛地看着我。然后我一边告诉小家伙"这些东西可是爷爷很重要的东西哦",一边抱起他,他不会哭闹,反而会特别开心地笑起来。此后,即便小家伙很想恶作剧,但是只要我在边上,他就会说:"爷爷,这个给你。"然后把笔递给我。当然我也会回应:"谢谢你啊。"并对他鞠个躬。于是,小家伙模仿我也对我鞠个躬。就这样我们互相鞠躬,玩得十分尽兴。这就是我们两人的乐趣。最近小家伙叫爷爷的时候,口齿越发清晰可辨。只要他觉得有点不安的时候就会要求我"抱抱"。当然我肯定会把小家伙抱起来,蹭蹭他的脸蛋。但是对他来说,最不可或缺、最重要的还是妈妈。因为妈妈才是他日常生活的中心,而我只是配角罢了(现在这个孙儿已经是小学六年级的学生了)。

第二章 出生后的三个月内

5歳までの
ゆっくり子育て

欢笑可以促进孩子的情绪发展 /

怎样理解孩子哭泣所表达的信息 /

亲肤育儿法的效果 /

一边喂奶，一边跟孩子说话 /

湿尿布要勤换 /

没必要强迫孩子去睡觉 /

全家配合才能培养出好孩子 /

孩子生病时该如何应对——我家的情况 /

✱ 欢笑可以促进孩子的情绪发展

出生后三个月内的婴儿一直重复着这样一种生活：大多数时间都在睡觉，肚子饿的时候就会哭泣着醒来。这时给婴儿喂饱奶，婴儿就又会迷迷糊糊地睡着。可是，在此期间，婴儿身上会出现一种奇妙的现象。

那就是微笑。

不同的婴儿开始微笑的时间也不一样，有的婴儿很早就会微笑了。我的二孙子小岳就特别早，他在出生后三周就露出了微笑。现在我还保留着那时候拍的照片。

怎么看孙子都像是在冲着我微笑，不过他的眼睛还看不太清楚，所以并不是真的因为看见我才笑的。

微笑，首先出现在婴儿熟睡的时候。那微笑有一种说不出来的崇高的感觉，有人把它描述为"佛陀的微笑"。另外，也有人说这是婴儿在召唤母亲的微笑。以前，竟然有儿童医生说这种微笑是"肌肉痉挛"，这是多么无趣的表达啊。

微笑也会出现在婴儿醒着的时候。那样的话，真是禁不住要逗逗他了。我的孙子俊郎是从 50 天左右开始出现微笑的，这是老人和父母们都一直在等待的微笑。我一回到家，我的妻子就告诉我："宝宝今天会笑啦！"

我的这些孙儿们分别在一个月或两个月的时候开始出现微笑。家里人如果想看到宝宝的微笑，会尝试叫他的名字，模仿宝宝"嗯哼、嗯哼"的声音，还会戳他的脸颊。宝宝情绪好的时候，会迎合家人微笑好几次，可是，宝宝情绪不好的时候，就会绷着脸，皱着眉，完全不笑。即使如此，婴儿的微笑已经有了人际交往的意义。

渐渐地，婴儿在被逗笑之后会发出"嗯哼"的声音。这时候，我们如果学着他的语气也发出"嗯哼"的声音，他也会用一声"嗯哼"回应我们。也就是说，婴儿在和我们对话了。婴儿对妈妈的声音最为敏感，我和孩子的妈妈有好几次比赛看谁能让他微笑，他的妈妈逗笑了他好多次，而我无论怎么逗，他都是一副愁眉苦脸的样子。因为婴儿在刚出生的时候，视力发育还不是很完善，他只靠听声音的音色和语调来进行分辨。

这个微笑以后会如何发展呢？请我帮忙做毕业论文指导的一个学生指出，通过对出生2~4个月婴儿的观察发现，如果婴儿的妈妈经常哄逗他，孩子会非常喜欢笑。反之，如果妈妈不经常哄逗孩子，从其5个月左右开始，他就会越来越少地发出微笑。由此可见，是否哄逗幼儿，对于其情绪的发展有着很明显的影响。

这方面，在从小就生活在婴儿护理院的婴儿身上体现得尤为明显。在旧时代的保育所里，由于婴儿是由护士来看护的，所以他们很少被哄逗。护士们给婴儿喂饭，换尿布，她们非常熟悉这些身体上的照料，但是她们不会想到要陪婴儿玩耍，而且也没有时间。于是，婴儿就渐渐不笑了，最终变得面无表情。即使大人靠近他们也没有丝毫的反应，依然自顾自地吮着手指。这些婴儿长大后可能会误入歧途、实施犯罪。其原因在于，他们与他人建立情感关系的能力，尤其是"同情"和"关怀"的情感没有得到发展。

✱ 怎样理解孩子哭泣所表达的信息

对婴儿来说，哭泣是在表达不舒适。首先，肚子饿了或者口渴的时候，换言之，当产生维持生命的基本需求时，婴儿就会开始哭泣。

三个月大的俊郎，在我身边的摇篮里开始哭泣了。现在是早上八点半，离清晨喂奶已经过去了差不多四个小时，很明显，他是因为饥饿感而哭泣的。再这样放置不管的话，他应该会哭得更厉害，因为他的胃已经完全空了。这时就得马上去冲奶粉，喂他喝完奶后，他肯定就不哭了。

另外，也有的婴儿会因为尿布脏了感到不舒服而开始哭泣，更换完尿布就会停止哭泣。不过，也有的婴儿根本就不在乎尿布有多脏。

有些婴儿在入睡前会比较磨人。我的一位学生曾经在这方面做过研究，研究表明，如果婴儿能够充分地独自玩耍，玩耍过后他就会安安稳稳地睡觉。如果在婴儿想独自玩耍的时候，妈妈或者其他家人去逗他，婴儿就会因为被打扰而哭泣。由此可见，即便是婴儿，他也是有想要自己玩耍的时候。

一旦婴儿发出很激烈的哭泣，通常这是一个危险的信号，因为多数情况下，婴儿在身体极度不适的时候才会如此激烈地哭泣。因为哭得很激烈，即便是大人抱着、哄着，婴儿也无法停止。这个时候，大人一定要脱掉孩子的衣服，好好检查一下身体，看看衣物上是否有在晾干的时候不小心粘上的树枝之类的东西刺痛了婴儿，甚至其他意想不到的情况。所以，一定要仔仔细细地检查婴儿身体的各个部位。

另外，还有一种更危险的情况，那就是肠梗阻。这是一种会威胁生命的疾病，通常发生在婴儿两三个月大的时候。患这种疾病的婴儿会突然激烈地哭泣，腹部发胀得明显，但是婴儿的腹部本身就比较鼓，因此，作为家长通常很难通过婴儿的症状来判断是否为肠梗阻。这种时候，一定要尽快带婴儿去看儿科医生。这种疾病的发展很凶险，不容小觑。

我们需要重点关注的是那些不怎么哭泣的婴儿，以及开始经常哭泣，突然变得不再哭泣的婴儿。对于特别乖巧老实的婴儿，我们不应该感到高兴，这是因为这些婴儿的情绪发展很可能已经停止了。从婴儿的角度来考虑，如果通过哭泣的方式来诉说不适感的时候，并没有得到外界的回应，慢慢地，他们就放弃了哭泣这种诉求方式。如果你认为他是个听话的"好孩子"，任其继续发展，那么他的情绪发展就会逐渐停止。因此，在照顾婴儿的时候，促进其情绪的发展是十分必要的，培养婴儿学会通过哭泣表达诉求也是养育中的一个必要环节。

✱ 亲肤育儿法的效果

所谓亲肤育儿法（skin-ship），skin 就是肌肤，ship 意味着一种关系，也就是说这是一种"肌肤上的关系"。更明确地说，就是抱着、背着、陪在孩子身边睡觉。

婴儿到了三个月大，当他感觉到有人接近时会大声哭泣，这时要尝试抱起他，让他靠在大人身上。渐渐地，他的颈部开始放松下来，抱着他的大人也会感觉变得轻松了些。所以，当婴儿哭泣的时候，首先要抱起他，然后再去思考他到底是因为何种原因而哭泣的。

抱着婴儿的时候，不停地跟他说话是很重要的。婴儿也会使用自己的语言来回应我们。有项研究表明，对婴儿而言，离其20厘米远的距离是其视线最佳的距离。所以，母亲可以在那个位置尝试做各种表情，不妨也试试在那里跟婴儿打招呼。虽然婴儿暂时还不能完全看清楚母亲的表情，但他能感受到母亲的欢乐气息。经常被抱着、被哄着的婴儿心情会很好，所以我们可以推测出这个结论：亲肤育儿法真正出现效果是从出生半年后开始的。

* 一边喂奶，一边跟孩子说话

母乳对于婴儿的身体发育有特别重大的意义，并且对于培养他们将来在情绪控制方面的能力也非常重要。

喂母乳时，先用干净的脱脂棉将乳头擦拭干净，然后把它紧贴在婴儿唇边，婴儿会马上吮吸乳汁。当然，刚出生一两周的时候，婴儿可能还吸吮得不太熟练，做母亲的也可能并不习惯，所以新手妈妈如果想要顺利地学会喂奶，可能需要花上几天时间。

婴儿具有与生俱来的、极为精巧的吸奶机制。首先，婴儿有两个反射，当我们用手指戳婴儿的脸颊时，他会顺着被戳的方向将嘴唇凑近手指，这个反射叫作口唇反射。抱着颈部发育还不完全的孩子时，如果戳他脸颊，他就会把头转向这边。另一个反射是，婴儿总想去吸粘在嘴唇上的东西，这种反射叫作"吸引反射"。正是因为这两个反射，妈妈的乳头才会在婴儿的口中被吸吮。

妈妈的乳头和婴儿的嘴唇贴合在一起，婴儿的嘴唇上会出现放射状的皱纹，上唇和下唇都变成了双层，嘴唇内侧看上去则像是含了个水泡。这种生理构造让婴儿在吸吮乳头的时候可以减少吸入空气。

请捏住婴儿的脸颊看一下，是不是能发现一个樱桃大小的圆球？当婴儿张开嘴时，如果我们看向他的脸颊里面，就能发现这个圆球是向里膨胀的。这个圆球可以防止面颊在吸奶时发生凹陷。所以，婴儿可以用很强的力气从妈妈的乳腺中吸出母乳。此外，圆球是由非挥发性脂肪酸形成的。即使人因为营养不良而分解身体的脂肪导致干瘦憔悴，这个脂肪酸也会残留到最后不会被分解。也就是说，婴儿吸奶的机能会伴随一生。

我之所以讲述这些内容，是因为我希望大家知道婴儿天生就具有一种绝佳的机制。吃完奶后婴儿会露出满足的表情，妈妈看到这个表情之后，都会情不自禁地哄逗婴儿。虽然婴儿现在还听不懂大人说的话，妈妈依然想对他说好多好多话。由于婴儿已经可以听得很清楚了，所以妈妈的讲话会影响到孩子的情绪，他会用婴儿的语言来回应妈妈，他的语言也会因此而有所增加。这正是在为日后的语言发展做准备。所以在喂完奶之后，只要婴儿还不想睡觉，大人就需要充分地跟他交流、哄哄他。

喂母乳的情况下，婴儿可以根据自己的饥饿程度来自我调节喝奶的多少。如果已经吃饱了，婴儿会自己主动放开奶头。如果是人工喂养的婴儿，大人就要掌握固定的喂奶量，当然如果孩子到了需要熟睡很长时间的时候，大人可以适量增加喂奶量。

即便是人工喂养的婴儿，在喂奶的时候，妈妈也应该观察婴儿的表情，多跟孩子进行交流，如果亲肤育儿法实施的不够，同样也会造成婴儿的情绪发育滞后。

另外，人工喂养时，奶瓶和奶嘴的消毒工作一定要做到万无一失。

★ 湿尿布要勤换

排尿是人类非常重要的生理机能。婴儿每天要排尿 15~20 次。这是一种把身体使用后的废物从体内排出体外的机制。

如果尿布一直湿着不换的话，婴儿的屁股就会发生溃烂，所以需要给婴儿勤换尿布。有些婴儿在尿湿尿布之后会通过哭泣的方式来表达不适，但是有些婴儿却会一声不吭，所以大人也要自己掌握好婴儿的尿尿规律，及时帮婴儿更换尿布。

在帮助婴儿更换尿布的时候，妈妈一定要用自己的语言帮助婴儿表达他内心的感受变化："看看，我们把尿湿的尿布拿掉，换上干净的，现在舒服多了吧！"

类似这种轻松而愉快的语调，也可以舒缓婴儿的心情，甚至他会手舞足蹈地来回应你。这对于加强亲子关系起着非常重要的作用。另外，尿布的清洁同样非常重要，要在日光下暴晒尿布，或者用其他方式来清洁尿布上的细菌。

✻ 没必要强迫孩子去睡觉

关于"人类为什么要睡觉"这个问题,直至今天仍有各种各样的猜测和想法,依旧没有得到明确的答案。尤其初生的婴儿,他们每天的大部分时间都是在睡眠中度过的。我觉得,这或许是因为婴儿想要躲避外界的强烈刺激。婴儿在刚出生的前几天里听力并不是很好,而且出生后的半年内眼睛也看不太清,这些生理特征应该也是为了要保护自己免受外界刺激。

婴儿总是在睡觉,肚子饿的时候他就会醒过来开始哭泣,吃饱的时候就开始打盹儿。

如果为了让婴儿能睡好,在他睡觉的时候家里的人都特别注意不发出声音的话,渐渐地,有的婴儿就会变得对轻微的声音也非常敏感。最近的睡眠生理学指出,睡眠是为了尽可能满足人类的需要而产生的。对婴儿来讲也是一样的,所以不用特意地强迫孩子睡太多觉。

出生后大约两个月的时候,婴儿有时候会在睡眠中嘻嘻地笑。这真是太可爱了。

✻ 全家配合才能培养出好孩子

在养育孩子这方面,母亲起着至关重要的作用,关于这一点是毋庸置疑的。即使是在半夜,婴儿因为饿肚子开始哭泣的话,不论妈妈有多困,也一定要起来给婴儿喂奶。另外,婴儿的尿布脏了,也要妈妈更换。不论妈妈有多么想出门,考虑到要照料婴儿,也就无法像以前一样随时就出去了。妈妈自己的生活因为孩子被限制了。有的妈妈会觉得为了孩子受这种限制是理所应当的，而有的妈妈会认为自己的生活完全因为孩子被牺牲了。母亲对孩子的关怀之情会因为母亲对这种限制的不同态度而不同。

战争结束后，社会呼吁妇女解放，主张妇女也应该重视她们自己的生活，改变被迫牺牲的现状。但是，关于牺牲，我们必须要从两个方面考虑：如果这个牺牲是被迫的，则是一场悲剧；但如果是自愿选择接受的牺牲，那就很宝贵了。对于后者，我们应该称之为"献身"而不是"牺牲"。这种为了孩子甘愿奉献自己的女性都应该得到极大的尊重。

可是，如果养育孩子的责任都由母亲来承担的话，这是完全不公平的。养育孩子，本应该是父母双亲共有的责任。

"孩子的事情就拜托你了"，说出这种话的父亲都是极其不负责任的，"拜托"这个词意味着受托的人本身要负有重大责任。也就是说，当孩子出现任何问题，第一个要承担责任的人就是照顾孩子的人。所以这种男性，在孩子出现问题的时候，都会责备妻子："都是因为你没有养育好！"这样的男性太卑鄙，不能清楚地理解"拜托"这个词的意思，是以自我为中心的人。

婴儿一出生，母亲的工作会突然增加。每天必须要七八次喂奶。如果喂一次奶需要20分钟，母亲每天就不得不花费两个半小时以上的时间来喂奶，再加上更换尿布，哄逗孩子……如果孩子的父亲在这个时候可以站出来帮助自己的妻子，或者至少可以做到不要再让妻子因为照顾自己而费心，甚至还能参与照顾婴儿，那就是最好不过的了。

由于我的大儿子夫妇都有工作，所以刚一结婚，两个人在关于家务方面就采用了共同合作的模式。自从孙子出生以来，我的大儿子在养育孩子方面做得非常好。我家的情况是我的妻子参与育儿，我也会协同一起照顾婴儿。我曾经是一名儿科医生，由于我在保育所工作长达七年，我很自豪在照顾孩子身体健康方面比妻子更专业，我们一起配合得非常好。可是，我也曾经认为家务理所应当是妻子的工作，我完全不用插手。然而，1995年我去了德国留学，通过这次异国生活经历，我明白了丈夫参与到家务中来是多么重要的事情。因此，我在家里就主动担负起洗碗和叠被子的工作。同时，对于其他我能帮上忙的事情，我也都会主动去做。

　　不仅仅是在做家务方面，在照顾孙儿的时候，我也是这样积极帮忙的。喂奶和换尿布就不必说了，我对晾晒衣物和清理杂乱的房间也完全没有抵触。作为长辈，即使在抚养孩子方面只是给了小辈一点点的帮助，对于年轻的父母来说，就已经是帮了大忙了。

　　不过，我们这些老年夫妇需要注意的是，虽说孙儿特别可爱，但是千万不要因为我们长辈们的私心，而随便把孩子从年轻夫妻手里抢过来。还要考虑到，父母与孩子之间情感联系的正确建立。尤其是母子之间的联系特别重要。因此，如果孩子开始喜欢奶奶多过喜欢妈妈，那么完全就是因为母子间的情感联系还没有充分建立。然后，当把孩子从老人那里转移到母亲手中时，母子关系会因不协调而争吵不断，甚至还有的孩子在青春期之后会走向失足。鉴于这一事实，我们必须禁止做出类似于妨碍母子关系这样出格的事情。自始至终，我们都应该扮演好年轻父母的助手的角色。

✱ 孩子生病时该如何应对——我家的情况

没有什么比婴儿生病更让人不安的了。我之前提到过,我女儿的第一个孩子洋介刚出生不久就得了新生儿脑膜炎。女儿从妇幼医院出院后,因为丈夫工作上的关系,要先在我家生活两周左右。迎来了开开心心抱着婴儿来我家的女儿,我也是满心欢喜。我们给女儿提供了一个房间。于是在一个屋檐下,住着我们老两口,大儿子一家,二儿子一家,还有女儿和她的宝宝,一共四个家庭。

在洋介来我家第三天的时候,也就是出生后的第十天,他就发烧高达38℃。开始的时候我们还以为是感冒,但是他偶尔也会猛然哆嗦一下发生痉挛。起初,我还以为这是"莫罗反射"。"莫罗反射"发生在婴儿两三个月大之前,是指当婴儿听到到很大的声音或突然做动作时会自动拱起背,伸开手臂和腿的行为。可是,洋介当时看起来总令人觉得很奇怪。于是,我就带他去附近看了儿科医生,医生说他应该是患了肠炎。然而,到了第二天晚上,他烧到了将近40℃,痉挛也越来越明显。第二天一早,我就带他去了我好朋友工作的儿科医院。我们立刻就做了骨髓穿刺,当我看到注射器吸出的骨髓液的时候,我觉得天都要塌了。吸出来的不正是黏黏的脓吗?这正是脑膜发炎导致的。洋介的命危在旦夕,我担心即使治愈了也会出现后遗症。

安排住院后就开始打点滴了。要查清是由哪种病菌引起的炎症需要花费两三天的时间。杀死病菌需要使用最有效的药。可是,我们不能只等着菌类的培养结果而什么都不做。我的朋友通过他丰富的医疗经验大致估计出了病菌的种类,并给我们使用了可以杀死这类病菌的药物。事实证明,朋友的猜测准确无误。

女儿每天都会去医院，非常努力地想让洋介喝哪怕一点点母乳。幸运的是，由于洋介食欲旺盛，搂住分泌变差的乳房猛劲喝奶，而且不只喝了母乳，还喝了很多牛奶，向我们展示了他的生命力。我每天都和朋友保持联系，得知病菌的数量在逐渐减少之后，我焦躁的心情也慢慢平复。在这两个月里，我总是挂念着洋介的情况，工作也是心不在焉，甚至出现了抖腿的坏习惯。因为如果不这样的话，我内心的不安会越来越重。

我得糖尿病似乎是意料之中的事情。八年前，我在之前的大学任系主任的时候，就在体检时发现了糖尿病。虽然这个病有一部分原因是因为我精神上的负担太重，但是由于我的母亲和祖母都曾患有糖尿病，所以我觉得这病最终也会遗传到我身上。血糖值测定的结果显示我处于糖尿病中期。于是我开始了药物治疗，此外，还要配合饮食疗法。我读了三本关于糖尿病的书，然后开始控制饮食。在那之后的一个月，我调到了现在这所大学就职，完全从工作的操劳中解放了出来。然而一个星期后，我一到晚上就开始颤抖，并且还出现了冒冷汗的症状。我特别不安，想着别是又患上了什么新病，可是我仔细想想，觉得应该是低血糖的症状。于是我就把药停了，然后症状突然就消失了。在那之后，我也不间断地用试纸测试，在洋介生病之前，一次也没有出现过阳性。由此可知，我的糖尿病并不是生病，而是因为操心劳神的原因，也就是所谓的心理性糖尿病。

此外，在洋介住院期间，我的儿子、儿媳，尤其是儿媳，主动帮我们做了很多事情，虽然我们并没有拜托他们什么。她们每个人都有自己的生活，自己的孩子，并且大儿媳还要上班，可是每当我和老伴儿从医院回到家里的时候，她们总是为我们准备好了饭菜，真是太感谢她们了。

　　多亏了大家的共同努力，洋介在迎来周岁生日的时候，可以没有任何后遗症地、健健康康地成长发育了。

出生后三个月到八个月

第三章

5歳までの
ゆっくり子育て

- 怕生是孩子信任妈妈的证明 /
- 怎样预防孩子不怕生 /
- 一个人玩耍 /
- 如何帮助孩子培养良好的生活习惯 /
- 家族成员的教育任务 /

✱ 怕生是孩子信任妈妈的证明

出生后 3~8 个月，婴儿逐渐发育得越来越完善，第一个证明就是日渐丰富的面部表情，并且孩子的语言表达也会越来越多。在这段时间内，孩子还会表现出认生的情况，对于这个现象，大人要尤其重视。他们会喜欢被家人包围着，跟家人一起玩耍，喜欢家人时刻关注自己。

经过 6~8 个月，婴儿的视力发育更加完善，他们开始可以清晰地分辨出人的容貌。因此，对于熟人和陌生人的反应也会明显不同。这种视力发育的差异也略有不同，有些婴儿在 5 个月大的时候，如果发现有陌生人靠近，他就会立刻大哭起来。当陌生人哄逗他的时候，他会做出一副"不要"的表情，并用力抱紧妈妈，这就是怕生的表现。

怕生虽然是婴儿的视觉在顺利发育的证明，但是在这之上更重要的是，伴随着对熟人产生了依恋，明显地表现出对于熟人有信赖感。也就是说，妈妈被婴儿信赖着，而这种信赖也可以算是婴儿对于妈妈对自己无微不至的照顾的一种回报吧。

如果婴儿在 6~8 个月之间没有表现出怕生，那是什么原因导致的呢？这种情况，可以认为他没有被完全培养出创造情绪化人际关系的能力。对于不怕生的婴儿，也许不管是谁，只要对他做出"抱抱"的动作，他都不会拒绝，这种情况也表明他没有可以信赖的家人。

这种不怕生的婴儿在过去的保育院中十分常见，那是因为护士们对他们照顾不周导致的。但是在如今的家庭当中，也开始有很多不怕生的婴儿出现。

遗憾的是，妈妈们却没有认识到这是一个严重的问题，甚至还因为孩子不怕生而夸赞他们。但是她们几乎都有一个共同的担忧，就是孩子说话很晚。其实她们不清楚，正是因为在之前养育孩子的过程中，没有人跟孩子进行一对一的对话交流，没有人跟孩子一起玩耍，所以才延缓了孩子的语言发展。

当家长注意到这些情况之后，会开始努力跟孩子一起玩耍，孩子的面部表情开始变多，话也变多了。

因此，在出生后4~8个月内跟孩子建立亲密的亲子关系，并不仅仅是为了预防孩子不怕生，它有着更为重大的意义。

✱ 怎样预防孩子不怕生

第一，在孩子哭的时候，先将他抱起来。如前述，这是为了消除他内心的不安。当孩子明白以后，一旦有不开心的情绪肯定会向妈妈寻求身体的亲密接触。也就是说，他学会了通过身体撒娇可以消除自己的不开心，让自己的情绪安定下来。他会懂得可以将妈妈温暖的心作为自己生活的基础。

第二，如果孩子不会通过身体撒娇，而且又几乎不怎么哭，过去也表现得很温顺的话，这种孩子其实就已经有了不怕生的倾向了。确实有充满活力且性情温顺的孩子，这种孩子通常情感需求都不高，因此，对于这种孩子，家长就必须尽量陪着他，由此刺激他产生想要获得陪伴的感觉。

第三，经常哄逗孩子。让孩子开心是件好事，对于不知道怎么做的妈妈，我简单提供几个例子：

妈妈用手把自己的脸挡住，然后一边发出"哇！"的声音，一边拿开双手，做出不同的表情，然后对着孩子哈哈大笑。在头上戴一些东西，做出各种动作来逗孩子笑。

让婴儿坐着或者躺着，妈妈说："嘿嘿，来了哟！"两手逐渐靠近他，逗他玩。然后，轻轻挠他的胳肢窝。

许多孩子喜欢的游戏是"举高高"。在做这个游戏的时候，家长一定要注意把握分寸，不要让孩子产生恐惧的心理。即便跟孩子一起玩得很开心，也要注意安全。

另外，做家务的时候，也可以随手拿起一些纸团或者其他废旧的纸张，搓成小纸团，扔给孩子来玩。洗澡的时候，可以买一些淋浴的玩具，或者小喷水壶之类的让孩子来玩耍。这种亲子时光是非常温馨的。

说到这里，我又不得不提及亲肤育儿法，对于我来说，亲肤育儿法是最值得家长学习的育儿方法。有一位妈妈，因为在临近40岁的时候才有了第一个孩子，所以当孩子出生的那一刻，看到孩子的样子，她连身体的疼痛都感觉不到了，因为心中被莫名强烈的不安给充斥着。

她的孩子不喜欢喝奶，甚至给他喂奶的时候他会把头扭过去。慢慢孩子出现营养失调。妈妈便在我面前哭诉。因此，我照顾了那个孩子十天左右。我没有采用任何强制给他喂奶的办法，我一直都是等到他饿了,开始哭泣的时候才给他喂奶。当然,我会及时给他补充水分,所以我会喂他一些温水和汤,他会乖乖喝下去。从第三天开始,只要肚子饿了,小家伙就会开始哭着要喝奶,我会稍微给他一些奶,然后慢慢增加。到了第十天,他就变成了一个乖乖喝奶的孩子了。

这种情况的产生其实就是过去妈妈给孩子喂奶的方式有误导致的,所以只要妈妈抱起孩子,孩子就会抗拒,因为妈妈通过肢体传达给他的是不安和焦虑,他心中对于被抱起的记忆就是强制喝奶的不愉快。在经过我对他十天的照顾,这种感觉已经消失了,因此当妈妈再次把他抱起喂奶的时候,他通过肌肤感受到的是温和,他也开始乖乖喝奶了。

✱ 一个人玩耍

婴儿也会享受一个人的玩耍。这时,让他充分地享受一个人玩耍的乐趣对于自主性的发展是很有必要的。例如,在三四个月的时候,他会经常喜欢把握起的小拳头放在眼前。或者,有时会跟着眼前来回晃动的玩具移动视线。然后,时不时地挥挥自己的手。这时候就是孩子在享受自己的独处时光,家人即便看到孩子再可爱的样子,也不要随意把他抱起来。

婴儿在自己玩耍的时候,通常会发出"呜呜,咿咿"的声音,这是在表达自己内心的喜悦。如果过了一会儿,婴儿变得安静了,妈妈就可以跟他说说话了。婴儿会倾听这些话,甚至会冲着妈妈发出咿呀声。也就是说,婴儿对大人的话有反应,要跟大人聊天。我们可以这样持续聊几个来回。这样一问一答，对于婴儿未来的语言发育有很重要的意义。换句话说，婴儿想说话的欲望高涨了。而且，因为妈妈搭话的声音通常都非常温柔，这对婴儿情绪的发育会给予积极的影响。

★ 如何帮助孩子培养良好的生活习惯

说起生活习惯，例如擦脸、洗手、喂食等，几乎都需要妈妈的帮助，孩子们才能逐渐建立起来。

喂奶和断奶

一开始婴儿通过躺着的姿势喝奶，后来慢慢可以自己用双手拿着奶瓶坐着喝奶。在给婴儿喂奶的时候，把他抱在怀里这种方式对于亲肤育儿非常有帮助。在刚喝完奶的这段时间，妈妈也应该多跟孩子进行交流，这时候，婴儿也会通过自己的方式跟大人进行交流。

母乳喂养的孩子通常对于奶粉会比较抵触，这是因为他们已经习惯了母乳的味道。这时候如果母乳的营养物质已经开始减少，而孩子又抵触人工喂养方式，对于母亲来说，肯定会十分焦虑。此时，我们可以采用将奶粉进行稀释的办法，让孩子逐渐接受人工喂养。然后，再慢慢增加浓度，久而久之，孩子就可以接受人工喂养了。如果这样还是不行，那就要考虑断奶了。

断奶不是一件可以操之过急的事情，并且根据孩子的体质不同，断奶的难易程度也各有不同。我们可以尝试从四个月开始给孩子喂一些汤和果汁，五六个月开始增加一些辅食。如果孩子对辅食还比较喜欢，那大人这时候就要考虑丰富辅食的种类和口味,甚至改变辅食的形状,让孩子更加喜欢吃,这样断奶就会相对容易一些。如果孩子并不喜欢辅食,那就把断奶期延长两三周,绝对不要强行断奶。总之,不要让孩子产生强烈的抵抗情绪。育儿,最重要的就是平常心。

如厕管教

在日本,从过去开始,就有急于完成如厕训练的风俗。虽然并不清楚到底是因为什么,不过可以让孩子早早学会自己上厕所似乎变成了一种对于母亲养育能力的较高评价。于是,那些还没摘掉尿布的孩子的妈妈,会被说:"你的孩子怎么还没摘尿布啊?"并遭受他人轻蔑的目光。被这么说的妈妈会产生自卑感,于是急于完成管教,甚至会训斥孩子,因而给孩子造成心理负担。孩子对大小便的学习产生抵触心理的例子也不在少数,有的孩子变成了一个永远不会自己上厕所的人,也有一些因为内心焦虑而出现尿频的例子。

从发育的顺序而言,在一岁到一岁半的期间我们可以开始对孩子进行如厕管教。

玩耍中的孩子会站起来,开始用力,此时脸也变红了,这时候,大人如果让他坐在马桶上或者带他去厕所就是最佳的如厕管教时间,这时如果表扬他的话,他就会告诉大人"要便便"了。不过,排尿就不会如此顺利了。孩子也许会尿裤子,大人在孩子尿裤子以后马上教他"嘘嘘",把他带到尿尿的水洼旁边用手指着告诉他这就是"嘘嘘"的地方。如果下次孩子掌握了尿尿方式,请一定要表扬他。掌握最佳时间点,适当的表扬对于如厕管教都非常有必要。

如厕管教的最佳时期是在两岁半左右。

不要因为大小便的问题来训斥孩子，这样会给孩子带来没有必要的自卑感，就算我自己的孙儿们，我也从来不要求他们的父母尽快对孩子进行如厕管教，就算是尿裤子了也不要训斥孩子。

睡觉和要抱抱的习惯

关于睡眠，每个孩子的睡眠方式都不一样，有的自己玩着玩着就睡着了，有的稍微哄一下就睡着了，而有的孩子则需要一直抱着才能睡着。

可是，有的孩子则是抱着就睡，放下就醒。久而久之，抱睡的习惯就养成了，妈妈会非常累。尤其是晚上一旦孩子哭了起来，妈妈就不得不抱着他了。爸爸也因为孩子的哭声而无法入睡了。结果就导致父母都睡眠不足。

我的一个学生家的宝宝就是一个典型的"抱睡宝宝"。

为此，我让她周日一早把孩子带到我家里来。我已经有让他哭一整天的准备了。要纠正抱睡的习惯，足够的心理准备是非常有必要的。孩子到了我家之后，我把他放在小床上，孩子没有哭闹，只是在饿的时候才哭了几声。于是我给他喂奶，结果没有一会儿他就睡着了。于是我把轻轻放在床上，孩子没有哭，也没有醒，而是呼呼大睡起来。

这是为什么呢？因为妈妈一开始总是担心孩子抱睡习惯已经养成了，只要放下就会醒，于是就一直抱着。妈妈这种不安稳的心情自然也会影响到孩子，因为在无形中，妈妈抱孩子的方式就会传达出这种不安，孩子因为内心不安也会哭闹不止。然而，今天有我在妈妈旁边，她的内心很安稳，自然这种安稳的情绪也表现在了抱孩子的方式上，那么孩子的情绪也变得安稳了。亲肤育儿法，并不是简单的物理关系，也是情绪关系。

✱ 家庭成员的教育任务

家庭成员对于孩子的性格养成有着密切的关系，尤其是父母。人性的发展，跟父母的教育方式有极大的关系。所谓人性，是指与其他动物不同的、人类特有的丰富的情感。而孩子的这种情感萌芽跟他与父母之间的情绪关系息息相关。通过亲肤育儿法来接纳孩子的感受，孩子笑的时候跟孩子一起笑，孩子悲伤的时候给予其关怀，通过肢体的抚触传达这种情感，这都是帮助孩子建立健全人格的必要环节。

妈妈的任务职责

对于孩子来说，妈妈就是世界的中心。这种亲密的感情在母乳宝宝身上体现得尤为明显。

孩子喝奶的时候通常都会目不转睛地看着妈妈的脸。尤其是六个月以后，因为孩子的视力飞快地发育，通过目不转睛地看着妈妈的脸，可以将妈妈的印象清晰地刻在心中。尤其是当孩子得到妈妈的哄逗，形成快乐的回忆，将妈妈温暖的印象刻在心中，作为自己的情感基础。也就是说，当孩子心中产生不安情绪时，就会紧紧抱住妈妈。这是对陌生人感到害怕的时候产生抱紧妈妈的这种怕生行为所具有的重要意义，也是妈妈温暖的印象留在了孩子心中的证据。

通过这点，我想起了我长子的孩子六个月大的事情。儿媳妇把他放在新买的婴儿车上，从经常散步的道路回来之后，他激烈地哭了起来。任妈妈怎么哄，他就是不能停止哭泣，于是儿媳把孙子带来我这里。我们两个人哄了差不多半个小时，他才停止了哭泣。后来我跟孩子的妈妈一起分析了孩子哭泣的原因：因为他们回来的时候要经过一条繁华的街区，那里汽车轰鸣，人声嘈杂，孩子感到了害怕。因为当时是坐在婴儿车里，而不是被妈妈抱在怀里，孩子内心的恐惧感没有得以消除，所以他才会大哭不止。

于是，第二天我们到那个地点验证了上述的猜测，事实证明，我们的分析没有错。当儿媳抱着孩子走过街区的时候，孩子完全没有哭泣。

我在家的时候，儿媳如果需要外出或者需要打扫卫生的时候，总是会托我来照看孩子。因为我很喜欢和孙子一起玩，所以总是积极地接受她的请求。我让孙子面对着我坐在我的膝上，我上下摇动膝盖，带孙子玩"公交车"游戏。因为他还没有乘坐公交车的经验，"公交车"这个名称也是我单方面命名的。当时想着通过这种身体接触的方式，让他将来在坐公交车的时候，尽量也不会感到很害怕。我们每次玩这个游戏都会玩得非常开心。我还会让他站在我的膝盖上，用双手支撑着他的腋下，让他玩"飞高高"的游戏，每次他都玩得不亦乐乎。

我女儿的第一个孩子，如前文所述，出生不久就得了新生儿脑膜炎，虽然好不容易保住一条命，但是因为担心出现后遗症，那一年母女俩就一直在我家里住，我对他进行了发育方面的检查。为了促进孙子的发育，我花了许多心思研究出了可以跟他一起玩的各种游戏，其中一个就是蹦床游戏。当孙子的头可以立起来以后，我们才开始玩这个游戏：我躺卧着，用双手支撑孙子的腋下，让他把我的肚子当成蹦床，让孙子在上面蹦来蹦去。这对于孙子来说好像很有趣，要是停下来，他就会伸腿做出"我还要玩"的样子。说实话，这个游戏对于我来说真的是很吃力，因为每次玩后我都会腰疼、脖子疼，但是一想到孙子愉悦的心情，我就无论如何也要陪他玩了。我还会给他放一些有旋律的音乐，让他跟着节拍来一起蹦。这时候他才四五个月大，但是，我这个孙子九个月零三天的时候就会走路了。这表示他的运动机能发育得非常好。他的语言发育也很顺利，他现在已经是中学三年级的学生了，发育没有任何问题，真的是太幸运了。

这个月龄的孩子，可以用很多简单的道具玩不同的游戏，比如用布盖住小脸蛋，玩藏猫猫；用小手敲东西，甚至还可以尝试撕纸的游戏。

等到会爬的时候，他们就会开始恶作剧了，比如拿着勺子之类的爬来爬去。等到他们可以坐着的时候，可以让他们坐在大人的腿上玩"跷跷板"的游戏，还有"举高高"之类的游戏。

对于妈妈来说，可能认为自己要做家务，没有宽裕的时间和孩子一起玩耍，但是还是应该争取更多跟孩子玩耍的时间，这不仅对于孩子的情绪发育很有帮助，对于促进亲密的母子关系也很有好处。

不过，让孩子一个人玩耍也是很重要的，也就是说，不要随便去妨碍孩子。

爸爸的职责

妈妈忙于准备饭菜时，可以主动照顾孩子的爸爸才是个体贴的爸爸。孩子想喝水的时候，用奶瓶喂他；孩子因为尿尿把尿布弄湿了觉得不舒服开始哭的话，就为他换个尿布吧。跟宝宝一起玩耍不仅可以促进亲密的亲子关系，爸爸本身还可以从孩子那里获得亲近和信赖。

帮忙做家务也是很有必要的。因为我的大儿子夫妇都要上班，所以在家务事和育儿方面，他们两个人一直都是分工合作的。我的大儿子经常帮忙做家务，当然可能也是受我的影响。我自从到德国留学以后，对于做家务这件事有了很大的改观，并且乐在其中。

年长者的职责

孩子一旦可以爬行或者扶着墙走路，就需要大人时刻关注了，因为他们会带来很多的恶作剧。虽然大吼着制止孩子能让他安分下来，但是这样做会让他变成没有自主性和积极性的孩子，所以无论他怎么恶作剧都要给予认可。但是，房间还是不得不整理的。在这种时候，如果能有个可以帮忙照顾孩子的人就真是帮了大忙了。或者需要外出的时候，如果能有人帮忙看孩子，那也是一种很大的帮助。这时候就需要年长者出场了。我和妻子就经常帮忙照看孙儿们，我们在一起玩得十分开心，所以即便是妈妈不在身边，他们也不会哭泣。

我的大儿媳和二儿媳是在相差一周的时间内分别生下孩子的，在孩子们八个月左右的时候，他们搬来跟我们同住，所以我经常帮忙照看孙儿们。我会把玩具放在他们周围，孩子们对这些玩具非常感兴趣，玩得不亦乐乎，而这时候我就可以去看会儿书了。

因为两人都拿到玩具开始玩了，我就可以开始读书了。不一会儿，有孙子看向我的方向，仿佛是在寻求什么保证，我说："嗯，好的。"并点点头让他看到。于是，他又开始玩起了手里的玩具。我也再次将目光落到书上。有时候孙女也会这样，我也给予同样的回应。通过这件事情我明白，虽然孩子们是自己在玩，照看他们的大人还是应该时刻关注他们。

有一个很有趣的现象，虽然孙儿们和我一起玩的时候都很开心，可是只要妈妈回来，孩子们就明显感到更放松。我猜他们跟我一起玩的时候，心里还是会有些紧张的感觉。果然，还是妈妈最好。"妈妈最好"这个感受，对于孩子来说是具有极大意义的，这意味着母子之间有紧密的感情纽带。

如果孩子认为爷爷奶奶比妈妈更好，意味着母子关系没有很好地建立起来。母子关系不稳定，意味着孩子的情绪不稳定。幼儿时期虽然并不会发生什么特别问题，但是到了学龄时期，或者是青春期以后就会有许多问题发生，所以必须让孩子意识到"没有妈妈绝对不行"。

如果有孩子认为没有奶奶绝对不行，就可以说是年长者破坏了母子关系。说明这样的年长者，对于子孙过度保护和溺爱。所谓的过度保护，是指对子孙的照顾过于细致，本来对于那个岁数的孩子有必要让他"有所担当"，但年长者却用代劳的养育方式。这样孩子的依赖心就变强了。而且，年长者通常对孩子有求必应。被溺爱的孩子，会变得很任性。很多孩子在刚进入幼儿园时就会表现出这方面的特质：不愿意去幼儿园，不会交朋友。这是因为他们的任性在幼儿园得到了抑制，所以他们会拒绝上幼儿园。

我照顾了我孙儿们三年，他们在家里很幸福，在幼儿园里也很开心，还交到了朋友。

我的其中一个孙子因为出生于四月份，所以如果要让他跟同龄孩子一起上幼儿园的话，他就需要在幼儿园待四年才能去上小学。但是三岁到四岁是孩子交朋友最重要的阶段，所以我依然让他跟同龄孩子一起上了幼儿园。他从上幼儿园开始两个月左右就喜欢上幼儿园了，可以逐渐和朋友们一起玩耍了。事实证明他的自主性也发展得很顺利。

实际上，婴儿期养得怎么样，很多都要三岁以后才能明确。和年长者一起住，受到年长者过度保护和溺爱的孩子会出现很多问题，这一点通过他们开始上幼儿园的表现就可以看得出来。

出生后九个月到一岁零两三个月

第四章

5歳までの
ゆっくり子育て

真正的"好孩子"是怎样的孩子 /
不允许孩子恶作剧的反效果 /
我们需要心平气和来面对孩子的
恶作剧 /
孩子能够站立之后如何带孩子玩耍 /
培养孩子恶作剧和敢于冒险的积极性 /
对孩子进行管教绝对不可以操之过急 /

✱ 真正的"好孩子"是怎样的孩子

在这个时期,孩子逐渐开始学会爬行,再过不久就能倚靠外界辅助站立行走,甚至有些孩子可以不靠外界辅助自己站立行走。能站起来行走,代表着孩子已经向着人生迈进了一大步。因为只有人类才是倚靠双腿行走的,其他的动物虽然在出生后不久便开始行走,但它们都是以四腿前行的。让人觉得有趣的是,人类要花一年或是一年以上的时间才能从爬行逐步发展到可以完成真正意义上的行走。我们可以把这段时间理解为是孩子向着成人发展的准备阶段。因此,许多研究者都指出,在幼儿期能使儿童获得高度发育的育儿方式有其特殊意义。

当孩子开始爬行后,他们会对一些物品感到好奇,产生兴趣。他们会尝试着把它们放到嘴里。大人们则把这些行为理解为"恶作剧",有的家长甚至认为这些是不好的行为而去阻止孩子。可在儿童心理学中,这种行为属于儿童正常发展中出现的"口欲期",孩子通过这种行为来探索、感知周围世界,这也就是我们大人通常讲到"研究心"或"探索欲望"。对孩子们来说,目之所及之物皆是新鲜事物,这些新鲜的事物自然会成为他们探索的对象。但是,孩子没办法分辨哪些物品对大人来说是重要的,哪些是不重要的。所以当他们拿到手里后就会随意摆弄。由于孩子们不知道该怎么使用这些物品，有时候就会造成不小的破坏，结果这些破坏就给大人们增加了些许麻烦。

但是，如果大人接二连三地禁止孩子们"恶作剧"的话，则会压制他们对外界新事物的探索欲望。不会恶作剧的孩子就会变成老实的孩子，并且他们也会缺乏对新事物的探求欲和自主性，这将会对他们今后的人格形成产生不良影响。比如说，等孩子到了3~4岁，他们对于结交新朋友会变得不甚热衷，也不会产生想要和朋友一起做游戏的想法。虽然孩子去了幼儿园，但这只是听从妈妈的命令，他并不能充分享受幼儿园的愉快生活。尤其在某些重视孩子自由游戏的幼儿园，那些不合群、总是发呆或是无所事事的孩子会显得格格不入。虽然这些孩子看起来像是不会与小朋友产生矛盾的"好孩子"，但实际上他们却是不会交朋友的孩子。这是因为他们缺乏由自主性而产生的自我主张。有自我主张的孩子，时常会和其他有自我主张的孩子因为意见相左而产生争执，而这些孩子才是具有自主性的好孩子。

但是，在那些标榜"友好至上"的幼儿园，则把与其他孩子产生矛盾的那些孩子称为"坏孩子"，认为能和他人和平相处的孩子才是"好孩子"。这样的幼儿园专注于教孩子们文字和数字，注重礼仪教育，并不重视孩子的自主性发育，也无法观察到自主性发育延迟的孩子，他们甚至还会抑制孩子们的自主性发育。

由于如今大多小学都主张"填鸭式"教育，老师们自然而然将那些学业成绩好又听话的孩子们评价为"好孩子"，得到这样评价的孩子们其自主性发育便因此而更加受到压制。而这种被抑制的自主性发育的坏处将会在青春期得以逐步体现，那些在中学或高中拒绝上学的孩子，正是因为他们的自主性发育延后的缘故。这样的孩子在一岁左右时就已经是老实的孩子，开始不去恶作剧了，即便在幼儿园时也是不吵不闹，小学老师也认为他们"无可挑剔"。可以说这一切的开始都源于一岁前后。

✱ 不允许孩子恶作剧的反效果

　　从九个月到一岁半这个阶段，是孩子们最喜欢恶作剧的时候。他们会抓住废纸篓，又故意把它打翻，把废纸篓里面的东西翻得一片凌乱，或是在废纸篓里面探索自己感兴趣的东西，如果看到有自己喜欢的物品就抓起来放到嘴里。这时，只要大人们对孩子说："宝贝，要把垃圾收拾好哦。"然后再将孩子弄得一片狼藉的垃圾放回废纸篓里就可以了。或者大人可以一边收拾散乱一地的物品，一边对孩子说："要把垃圾清理干净哦。"让宝宝看到妈妈将废纸放到废纸篓的样子。用温柔的语调来跟孩子交流，劝解孩子，孩子们会下意识地模仿大人们的动作。或许这些模仿动作对孩子来说是玩耍，但这种模仿也会成为将来帮助大人做家务的雏形。等孩子将散落物件全都收好了，大人要说："做得真棒！"不仅要在语言上给予孩子鼓励，还要表现出喜悦的神情。这样就会大大提高孩子的积极性。虽然之后孩子们可能还会重复打翻废纸篓的行为，但他们会逐渐对此失去兴趣。因为他们已经明白什么是废纸篓了。

　　在我们了解这一过程后，当孩子们再次从废纸篓里掏东西的时候，不对他们说"不要"或"不可以"等诸如此类禁止的话，去满足他们的探索欲望吧！因为禁止的语言会压抑孩子们的好奇心和探索欲望。

梳妆台也是经常能吸引孩子、激发他们好奇心的对象。我的妻子为此就把梳妆台奉献给了我们的孙儿们。这是因为她想起当我们的三个孩子还小的时候，他们都爱在梳妆台上玩。虽然梳妆台有些陈旧，但是对开始学会爬行的孩子来说恰到好处。抽屉的高度正好是他们伸手就能够得到的，孩子如果抓住抽屉把手的话，一下子就能把抽屉拉出来。孩子们有时候会很淘气地把大人用的面霜涂满镜面，或是用口红把自己的小脸涂得通红，甚至还曾经发生过把发夹吃到嘴里的惊悚事件。有时候淘气的他们还会一边玩着剃刀，一边跟我聊天。所以，我们会先把危险物品和贵重物品从抽屉里拿出来，然后再把梳妆台提供给孙儿们玩。梳妆台的抽屉里面仅仅放着护手霜、化妆水、梳子这几种对孩子来说并不具有危险性，又不甚珍贵的物品。对这些物品万分感兴趣的孙儿们，有大半天时间是在梳妆台这儿消磨的。他们有时打开抽屉，把里面的东西拿出来晃来晃去，有时试着把梳子放在他们自己的头上玩，有时还把化妆水晃来晃去晃出泡沫，然后再看着镜子里的自己。但他们对梳妆台的兴趣不会持续太久，当他们大致了解它的实际作用后，很快就会将兴趣转向其他事物。但是不管是哪个孙儿，在差不多的年龄阶段都曾对梳妆台产生过兴趣，然后没过多久又将兴趣转移到了其他事物上。所以当我们了解这些之后，就更明白了在孩子们表现出兴致的时候，没必要叱责他们。如果我们看到孩子们试图将面霜涂在自己脸上的时候，要明确告诉孩子们："一会儿要擦擦干净哦。"然后再教他们如何涂在脸上。如果我们看到他们试图想把面霜涂抹到镜子上，也要清楚地告诉他们要用纸把镜面擦干净。不要去叱责孩子，这样会抑制孩子对外界探索的欲望，会抑制他们的自主性成长，我们需要注意的是把那些危险或者贵重的物品放在孩子们够不到的地方。

　　当孩子们在隔扇或是纸拉门上戳洞洞，或是用油性笔在上面胡乱涂鸦时，作为成年人的我们应当怎么处理才好呢？调皮的孙子就当着我的面，把隔扇门划开个大口子。一开始是他在胡乱扔积木的时候，凑巧砸到了隔扇门，被砸到的地方顿时凹陷下去了。或许他感到十分不可思议，又或者觉得很有趣，于是他靠近隔扇门，用手指戳了戳凹陷的地方，就这样"啵"的一声，手指就把隔扇门给戳破了。他似乎还没有意识到发生了什么，接着把隔扇门纸向上拉去，于是，隔扇门被小家伙弄出了一个大窟窿。其实就是一瞬间的事。我赶紧跑过去，用非常严肃的语气对他说："这是爷爷很重要的东西哦。"孙子回过头直视着我，他似乎也从我的神情中发觉自己闯了祸。我对他说："要说对不起哦。"或许对于孙子来说他还不能清楚地理解这些，但肯定记得我当时比较严肃的神情。当然在此之后他再也没有戳坏过隔扇门了。我从来不会说过于严厉的话，因为在说这些话的时候，我们肯定会眼睛上挑，露出非常可怕的表情。

　　另外，我们在说这些话的时候，我们的脸部几乎是在使用一种可怕的表情，胁迫孩子屈服。我自己本身也不喜欢做这种吓唬人的表情，也同样不喜欢自己的父母露出这样的表情。之前在超市就曾遇到过一个母亲，因为孩子对商品比较好奇，所以伸手去触摸，可是母亲在一旁瞪着孩子说："不是说过不可以这样做吗？"虽然母亲是个容貌秀美的女子，但当时因为瞪着孩子的缘故，她原来美丽的脸也都变成恶鬼的脸了。

✱ 我们需要心平气和来面对孩子的恶作剧

我有一些辛苦收集而来的小木偶,我一直都不想让孩子们玩它们,但妻子却总拗不过孙儿们的缠磨,于是对他们说:"只能玩一个哦。"然后就借给他们玩了。我知道这件事后,索性大方一把,把所有的小木偶都借给了孙儿们,这也是因为我觉得孩子们的恶作剧实际不会造成太大的损害。于是在接下来的两周内,孩子们就带着这些小木偶到处乱走。我回家时常发现大部分的小木偶都乱七八糟地躺在地毯上,还有那么两三个小木偶的脑袋有被拔下来用胶水粘回去的痕迹。这种恶作剧在每个孩子身上都出现过。可以说这种行为在孩子的成长过程中是屡见不鲜的,当然这也是孩子自主性的一种表现。

单就抽纸来说,一个孩子至少玩过二三十盒抽纸。这是因为他们抽出一张纸巾就能接二连三地抽出下面的纸巾,这件事让他们觉得十分有趣。最后纸巾盒就这样被孩子们抽空了。虽然当我们看到他们抽纸巾时,觉得太浪费了,但从没大声呵斥他们,我们想出了一个绝妙的办法,那就是当孩子们玩得兴致高昂时,我们就用大塑料袋装那些被抽出来的纸巾,虽说使用的时候多少都有些不方便,但却能避免造成浪费。

虽然榻榻米或是地毯经常打扫,但是很快就又脏了,这也都是孙儿们干的好事。他们经常在上面打翻食物,或者"嘘嘘",甚至有的时候还把大便蹭在榻榻米或是地毯上面。大儿子家的二女儿在一岁左右的时候,要是饭菜里有不喜欢吃的东西,她就喜欢用手抓起来"啪"的一下扔到身后去。当然,我们会一边告诉她"要把它放到盘子里",同时还得手把手地拿着盘子教她放进去,在这上面我们确实花费了不少时间。当孩子们吃完饭之后，那可是更加不得了了。用手抓着吃饭的孩子，把米饭漏得到处都是，大人一脚踩下去都是黏糊糊的感觉；还有的孩子用汤勺喝汤，脚下一个不稳，汤便被洒了一地。但是，如果为了避免弄脏榻榻米和地毯，我们拿着勺子或筷子喂他们的话会变成怎样呢？他们除了"饭来张口"什么都学不会，更加不要说学习食物的性状、食用方法，然后他们会逐渐变成有依赖性的孩子。有依赖性的孩子一旦进入幼儿园开始集体生活，就会变得非常不安。这是由于保护自己的父母不在身边所导致，甚至有的孩子还会因此出现拒绝去幼儿园的现象。为了防止此类情况出现，我们就必须要让孩子去亲自体验一些事情。所以，在他们对食物进行恶作剧的时候我们需要宽容对待。

就这点来说，如果是和有洁癖的长辈一起居住的话，身为儿媳妇的妈妈不免就会被长辈责怪。不是被责怪不应呵斥孩子，就是责怪为何自己不亲自照顾孩子。如果妈妈自身就是洁癖或是有强迫症的话也会出现上述的情况。强迫症就是要把所有东西都弄得规规矩矩的，如果不能整理到自己满意则会焦虑不安。而这样的结果，从某种层面来说又会阻碍孩子们的自主性发展。

所以尽量满足孩子们的探索欲望吧。也希望父母能以心平气和的态度来面对孩子们的恶作剧。

说这样的话，大概会有不少妈妈抱怨："这是因为老师您家里有钱才能办得到呀。"实际上，是因为我把孩子们用以恶作剧的对象看作是一种教育孩子们的教材。在我送给孙子的礼物当中最多的就是不值钱的破烂。从物质方面来考虑，孩子们的恶作剧并不会造成太大的经济损失。之前弄坏的隔扇也就那么放了两年多，直到孙子三岁的时候用红色油性笔在上面涂鸦了些叉号，我们才换了新的。在这之前，凡是家里来客人，我都向他们解释："这是我孙子的大作。"另一方面也是想和他们诉说恶作剧的必要性。

✱ 孩子能够站立之后如何带孩子玩耍

在这期间内，孩子运动机能的发展非常显著。爬行，站立，扶着墙走，迈步，等等，都会接二连三开始。当我的孙子开始爬行的时候，我立即就买了室内滑梯。这是因为我想起来这是我自己的孩子以前最常玩的东西。他们热衷于沿着滑梯爬上去，肚子朝下趴着滑下来。当然在玩的时候必须要让孩子赤着脚。因为需要用脚奋力向上爬，在向上爬的时候同时也能锻炼孩子腿部的力量。等到孩子终于可以扶着墙走的时候，就可以从台阶的低处向高处攀爬了。孩子通过牢牢地抓住滑梯的扶手，可以加强手部力量的锻炼。另外在攀爬的过程中，孩子还要保持身体的平衡，这样也能培养平衡能力。等到孩子能爬到滑梯台上，他们会一下转过来，用腹部着地的姿势趴着滑下来。在无数次来回重复这样的动作时，孩子们开始学会用脚尖抵着滑梯的内侧，以坐着的姿势面向前方，加快速度滑下来。而这种姿势是他们自己想出来的，是他们反复尝试出来的最终结果。他们还会慢慢地加快滑下来的速度，当孩子们达到完全掌握滑行速度的时候，还会动脑筋把坐垫儿铺在屁股底下，享受更加快速的感觉。甚至有的孩子还会头朝下趴着滑下来，享受那种刺激感。我的孙子一岁半的时候，就会用脚站在滑梯台子的左右扶手上，用手去够天花板。我赶紧走到台子的下面蹲下来，做出一个要是他万一掉下来，我能接得住的姿势。我从来没制止过他。只有培养他面对危险勇于挑战的态度，才能促进他自主性的发展。如果我说："太危险了，不要这样做。"这样只会遏制孩子们的自主性与探索欲望的发展。不过要注意的是，绝不能让孩子们脱离自己的视线范围，因为只要我们稍微错开一点视线，孩子们随时可能会因为失去平衡掉下来。两个孙儿在九个月左右的时候就能站起来了，就像前面所说的，这时我们全家人都乐在其中。我这一男一女两个孙儿，出生相差不到一周，都在差不多同一时期能站起来。当他们能用脚牢牢地使劲站起来的时候，就开始抓住立体声喇叭的架子，随着音乐扭屁股跳舞。这画面实在是又可爱又好笑，我们就把他们两人领到立体声喇叭架子那儿，让他们背对背站着跳，并用摄像机记录他们开心的模样，大家看了他们两个人的表演也都非常开心。孩子们身体的平衡能力就在这当中得到了充分的提高。

✱ 培养孩子恶作剧和敢于冒险的积极性

关于运动能力的发育，我还要着重介绍一下我这两个孙儿。我想加强我女儿的大儿子的脚部力量，在他坐着的时候，我将手撑在他的腋下，让他的脚踩在我的膝盖上，然后慢慢地让他做上下运动。最开始他的脚踩也踩不稳，经过一段时间的训练之后，他渐渐地能踩在我的膝盖上了。然后我脸朝上躺着，让他把我的肚皮当作蹦床来回试跳。有时还让他伴随着我难听的歌声蹦高高——与其说难听，还不如说是在瞎唱。但他却能跟上歌声的节奏，这不就能跟着音乐上下运动了吗？一天蹦上好几回，每次都能玩得十分投入。倒是我，一到了晚上就会腰疼，就连妻子都开始阻止我这一行为。虽然不知道这样的体育游戏是否有效果，但他在不到一岁的时候，就开始走路了。女儿的二儿子在一周岁生日前就能迈步了。刚会迈步，他就能像成人一样上下楼梯了。他是我的第六个孙儿，在他之前的五个兄弟姐妹，都曾有过一段倒着下楼梯的时期，但这个小家伙，一开始就会面朝前方下楼梯。我们的卧室里的榻榻米到铺着地毯的地面之间，正好垂直有一段30厘米的高度，而他每次都跳着下来。因为他的身体还没能很好地掌握平衡，这样跳下来很容易会扭伤脚，甚至摔倒。还好他摔倒的方法也是向前扑倒，也不会很痛。慢慢他就减少了摔倒的次数。他会曲起一条腿的膝盖，先让另一只脚着地，这样就可以防止摔倒了。在他一岁半左右的时候，终于可以双腿并拢，当我喊"跳！"的时候，他一下子就能蹦下来。就在他无数次重复练习这个动作的时候，我那已经五岁的二孙子有一回从一米高的圆桌上蹦了下来。六孙子看到了，就借助椅子爬上了圆桌，站在上面稍微犹豫了一会儿，便也跳了下来。虽然扭到了脚，还摔了一跤，但仍是勇气可嘉。在他不断爬上去、跳下来的过程中，终于有一次两脚落地跳下来了。然后他看向我，自己高兴地拍起手来。我也拍着手夸他："真厉害呀！"虽然之后他也有几次成功地跳了下来，但不知道是他已经满足了，还是自己知道了极限，抑或是将兴趣转移到了其他方面，他开始不再从一米高的地方跳下来了。这个孩子还能爬上我的书架，挑战其他五个孩子都够不到的高度，有时候还会把我珍爱的东西摔下来，害得我不得不把它们挪到了更高的地方或是放到别的地方。他有时还把书架上的书推出来，把自己的身体缩进堆书的空间里。他的好奇心很强，总是想着做些恶作剧。他的执着让我十分感动。我们在给予他行动自由的时候，就是在培养他的自主性与探索欲望的发展。

　　孩子的自主性与探索欲望增多的话，就会更加积极向上，变得勇于挑战困难。当然也会发生几次失败，但当他能用自己的能力克服这些失败时，他便可以感受到强烈的成就感，增加自信。夸张点说，也可以将它称为对人生的自信。这样的孩子，每天都在积极向上地生活，过着有价值的人生。不过另一方面，因为他们总爱恶作剧或是冒险，只要他们醒着，大人的眼光就不能离开他们。要是妈妈们想在育儿这件事上轻松点的话，可以对孩子们的恶作剧或是冒险严加制止。通过这样权力镇压的方法或者施加命令的方法，孩子或许会变成老实乖巧的孩子，但像这种没有自主性与探索欲望的孩子，也会慢慢变成没有活力的孩子。而这种现象在幼儿园或是小学时就会表现得尤为突出。尤其是那些在小学生活中缺乏学习意识的孩子们，通常都源于在这个时期被父母亲限制了恶作剧或是冒险的行为。针对这样的孩子，最重要的就是要先从妈妈的压制当中解放出来，可是这既辛苦又费时间。每当我接触这样的例子时，我总不禁感叹：若是在他们幼年时，他们的妈妈宽容地看待他们的恶作剧或是冒险的话，就不会导致现在的情况了。

✱ 对孩子进行管教绝对不可以操之过急

　　很多家长在孩子一岁左右的时候，就觉得应该对孩子进行管教了。还有人说要是在孩子小时候不抓紧严厉管教的话，等他们长大了就会做出不良或暴力行为。对于他们这些看法，以我常年的经验和科学理论的角度来说，我认为不要着急管教孩子，只要培养孩子的"体贴他人"

之心，他们就会自行发展出控制自己行为的能力，不会成为不良少年或者使用暴力。

对恶作剧的管教

恶作剧是基于探索欲望的行动，所以给予它充分的自由空间，在加强孩子的探索欲望和培养自主性上都是非常有必要的。但是不同种类的恶作剧，会给大人带来各种麻烦。所以逐渐减少，甚至停止对大人造成麻烦的行为，这对培养孩子们的社会适应能力是非常重要的。如果放任不管的话，他们就会变成任性的孩子，也就是说会变成"放纵儿"。但是如果不让他们去搞恶作剧的话，又会干扰他们的自主性发展。所以我们在培养自主性的同时，也必须要注意培养孩子的自我控制能力。在这个问题面前，妈妈们往往左右为难。

其实在这个时候，大人们对孩子们在恶作剧之后的态度就显得尤为重要。别的不提，首先我们必须告诉孩子们，有人因为他们的恶作剧而十分困扰。对此，我在孙儿搞恶作剧之后会时常严肃地对他们说："这是爷爷非常、非常重要的东西哦！"通常在这个时候，孙儿都会盯着我的眼睛，观察我的面部神情，当他们真实地感觉到原来爷爷非常困扰，就会减少相同的恶作剧。这就是所谓的共鸣，只要充分实现大人和孩子之间的情感交流，孩子是一定会明白大人想要表达的感受的，之后他们就不会再做同一种类型的恶作剧了。说起这个，我想起来我曾经欺骗过我的一个孙儿：因为他曾不断玩一个对我来说可有可无的物品，我却对他说："这是非常重要的东西。"当孩子直直地盯着我的眼睛时，他从我并不严肃的神情上找到了破绽。当然他也就并没有停止恶作剧。那时我便明白了一个道理——绝对不能跟孩子们说谎。

礼仪上的管教

在礼仪管教上，我并没有花费多大的气力。因为，不管怎么说，管教都会给孩子施加命令性的压力，而命令性的压力会抑制孩子的自主性发展。而且，就算孩子们能做出这种形而上学的动作，但大多都是装模作样而已。对管教来说，最重要的是让孩子们看到父母的行动。这可能会花费较长的时间，但他们会慢慢模仿父母的行为，从而让自己的举止端庄。这些成果将会体现在孩子们小学高年级时，或者是青春期结束后的少年期。

针对这点，有许多非常有趣的例子，有个孩子在青春期以后就丧失了学习欲望，变成了个不良少年，但在父母的努力下，他逐渐在家里安定下来，也不再夜不归宿了。不过他还是会在吃饭的时候，用胳膊肘杵着餐桌夹菜吃。虽然他的父母非常介意，但他们还是选择了默不作声，因为他们优先考虑培养孩子的自主性。他的妈妈偶尔也会满怀疑问地说道："这个孩子小的时候明明很有礼貌，是那种双手放在膝盖上，说完'我要开动了'之后才会吃饭的乖孩子。怎么现在就变成这个样子了呢？"这些只不过是孩子迫于父母的命令性压力而不得不服从管教，这对父母虽然也很疼爱孩子，但是他们当时没有选择管教的育儿方式。急于选择管教的话，就会容易拒绝孩子们身体上的撒娇，由此会加强孩子们不能撒娇的意欲，从而减少和父母之间的肌肤接触。

因为管教，父母在孩子们的心里就无法刻下温暖的印象，也不能培养出孩子的自主性。于是孩子在丧失学习欲望后，沉溺于家庭以外的享乐时光。所以孩子在青春期之后不想学习，开始结交和他一样的朋友，在外面夜不归宿。对待这样的孩子，当他们回到家后，千万不要责备他们，要尽量以温暖的方式欢迎他们回来。必须让他们觉得爸爸妈妈还是十分在意他们的。他的妈妈为此付出了巨大的努力，虽然他的爸爸仍拘泥于管教，非常想去训斥和说教，但他拼命压制住这种心情，甚至干脆躲着不出来了。通过这位妈妈的努力，孩子逐渐在家里安定下来。但他还是抱着反抗父母管教的心情，在明明知道用胳膊肘杵着餐桌吃饭不礼貌的情况下，故意在父母面前展现自己没有礼貌的一面。在父母无视于此之后不久，不知何时他不再用胳膊肘杵着餐桌了，从此一家人在餐桌上其乐融融。

到这里，我们可以看到在幼年期对孩子急于管教会造成诸多问题。我的孙儿们一岁半左右在吃饭时会表现得没有礼貌。我们试着让他们自己动手，可他们往往会用手抓食物，或者到处乱撒，把餐桌和地面弄脏。要是跟他们商量"用勺子试试呀"或者"不要撒得到处都是，好好吃饭吧"，虽然一时半会儿他们能听话，但用不了多久又会故态复萌。不过，要是反复地商量，他们就会好好吃饭。偶尔当他们在吃饭时坐得歪七扭八或者吃着饭就站起来玩的时候，我就会对他们说："来，你们看看爷爷。我是不是很有礼貌呀？"我会给他们做出示范。于是他们就会模仿我的行为，不过这也持续不了10秒。过一会儿又一切照旧。但我绝对不会训斥他们，而是不厌其烦地一遍一遍给他们做示范，就这样慢慢培养他们的礼仪意识。这会经过一个非常漫长的时期，他们不会马上就变为有礼貌的孩子，但他们会慢慢变得有礼貌。这是建立在自主性之上的，是不同于单纯地屈服于命令性压力的，孩子们不是为了想要得到父母的夸赞而去做的，而是因为他们自发地觉得如果有礼貌的话，会让餐桌上的气氛变好。

"好孩子"会给自己限制框架，只能在框架内行动，虽然也能说他们是认真的孩子，但上面还要再加上"过于"二字。给予"过于认真"

的人很高评价，这大概也能称为是日本人的特征了。这是因为在纵向社会（封建社会）中，认真听从于上级指令是很重要的。过于认真的人既不能理解何为幽默，也不会说出什么幽默的话。我觉得日本人总被说缺乏幽默感是理所当然的。甚至还有的人听不懂什么是开玩笑，这可以说是内心没有自由的表现吧。

如果父母是过于认真的类型，那他们也会要求年幼的孩子如此。他们会在管教上下足精力，给孩子们施加命令性的压力。受到压力的孩子们，只会调整自己的表象。多数成年人都会夸奖那些听话乖巧的"好孩子"。但在这期间，孩子们就会被形式上的"好孩子"的框架束缚，丧失心灵上的自由。也就是说，在这之后的发育期当中，无法断言他们能否持续坚持下去。

吃饭时的管教

对吃饭时的管教也不能急于一时。到了一岁左右的时候，孩子们会想自己动手吃饭。最开始时会用大人准备好的勺子，但是他们常常用不好勺子，没办法吃得顺畅，一旦着急了，马上就上手去抓。他们就在这当中学会分辨食物的软硬程度和形状。但也会因此弄脏餐桌，造成浪费。于是，有些妈妈们就会用勺子喂饭，这时，如果不想让妈妈喂而想自己吃饭的孩子们，其自主性就可以得到发展。但那些被妈妈训斥而屈从的孩子们则会逐渐生成依赖心理，只有妈妈把勺子喂到嘴边才肯吃饭。这样孩子们就轻松了，依赖心理就会越来越强烈，甚至发展到不喂就不吃。最后他们甚至连勺子都不会用，当孩子们进入幼儿园这种集体生活时，既没有帮他们的人，自己也不会动手，这会增加他们的不安，促使他们想要逃回到有家人帮助的家庭当中去，于是他们大多数都选择拒绝去幼儿园。虽然孩子们吃饭喝水的动手能力都很差，但这些都会在无数次的失败和练习当中变得越来越好。只要大人付出足够的耐心。

另一方面，有一些幼儿园宣称的吃饭的礼仪就是在桌子上铺上大桌布，并在上面摆上吃饭用的饭盆，然后让孩子们把胳膊放在桌子上吃饭。因为让孩子们以这副模样吃饭几乎不会打翻食物，而通常在这样的幼儿园里，老师都会希望孩子们在吃饭的时候不要打翻食物。孩子们在这个时候恐怕是被逼到了一个不是避免打翻食物，而是不允许打翻食物的可怕境地了。新换的园长看到这个情况非常吃惊，但要是告诉这些一岁的孩子们，无论他们用怎样的方式吃饭都行的话，恐怕会惹哭他们吧？他们早已经习惯了用固定的姿势吃饭，突然告诉他们爱怎么样就怎么样的话，就会让他们产生强烈的不安。

这是因为我国的饮食文化水平较低，在饮食文化水平较高的欧美国家，第一重视的就是享受欢乐的饮食时光。所以他们在吃饭的时候会讨论很多话题。但因为两岁以下的孩子用餐时会带来各种麻烦，一般会让他们早于父母用餐。这对孩子也并不公平，因为对孩子来说，能和家人们一起吃饭才更开心。

我在和孙儿们一起吃饭的时候，一般会先做好出现麻烦的准备。为了尽快应对这些麻烦，会事先准备好放撒落食物的盘子和桌布。另外，对孩子讨厌的食物，我会先故意自己张嘴一口吃掉，然后说："好吃，好吃！"对于芋头这种圆圆的食物，我会边吃边说："小芋头圆滚滚。"孩子们一高兴，就会一边重复着"圆滚滚"，一边自己伸筷子去夹芋头，但又不好夹起来。就这样尝试了几次，他就做出一副"帮我夹吧"的表情，把筷子递给我。这时，我就把用筷子把芋头切成小块扎起来，放进孩子的嘴中。孩子看到我的做法，就会明白用筷子能将芋头切成小块，还能记住怎么用筷子扎起来。当他们尝试自己动手的时候就会感到非常开心。我们从中可以看出，在生活中学会游戏是很有必要的。

话说到这里，有些人会问吃饭的时候可以让孩子玩吗？就像我之前说过的，对孩子们来说，游戏既是生活也是学习，所以当然可以让他们玩。没有理解到游戏本质的人，会认为吃饭时的游戏是不对的，然后就会急于对孩子进行管教。就算不急着管教孩子，孩子们通过一直观察着父母的行动，逐渐也学会规规矩矩地吃饭了。反之，要是父母没有做好榜样，吃饭的时候举止不好，那对孩子的管教也起不到什么作用。

边看电视边吃饭，这是非常糟糕的吃饭方式。电视对孩子们来说具有相当大的魅力，被电视吸引注意力的孩子吃饭的时候会漫不经心，但是，为什么会在吃饭的时候开电视？可以从中看出这是因为饮食文化水平较低的缘故，因为家人之间并没有可以谈笑风生的话题。要是追根溯源的话，这便是因为在二战结束之前，日本餐桌讲究的是"食不言"的礼仪管教，除了被所谓"礼仪规制蒙了心智"而别无他由。为了提高我国饮食文化水平，如何在吃饭时即使没有电视节目的帮衬下也能享受欢乐的用餐时光，这是一个需要父母多下功夫考虑的课题。在我国，如今仍有很多父母身上带着贫穷时代的饮食习惯，那就是吃饭快，一直维持把食物迅速放入口中，大口大口迅速嚼完咽下的状态。因为在以前如果不这么快吃的话，就会被看成是偷懒的人，然后就不会再找他干活了。嫁为人妇的妈妈们如果也慢慢吃饭，享受用餐时光的话，还会被人评价是个"恶媳妇"。没有塑造出较高的饮食文化水平也是造成这些现象的重要原因之一。

另外，还有些妈妈会追着孩子喂饭。把饭菜挪到孩子们玩玩具的地方，让孩子们就在那儿吃饭。孩子们就会一边玩一边吃。这都是因为妈妈想让孩子多吃点，她们觉得多吃就能长大个儿。但这其中也是有误解的，因为身体的发育也存在个体差异，既有长得飞快的高个子，也有小个子，这大多都是遗传基因造成的。所以，即便是追在小个子孩子们的身后紧着喂饭，也不能让他们长大个儿。越追反而越让孩子们更不想去好好吃饭，养成了吃饭懒散的坏习惯。孩子们在饭桌前吃饭，要是孩子们开始玩起来，家长可以提醒说："那就不吃啦！"并把餐桌收拾干净。如此一来，孩子们肯定会慌慌张张地回到桌前继续吃饭，如果他们只是偶尔这样，可以让他们继续吃饭，但是如果一直这样的话，家长一定要坚持把碗筷收拾起来。孩子们或许会因此而放声大哭，但是他们也会因此吸取教训——毕竟吃东西是人的生存本能。

那些给孩子买零食的人，就是进行吃饭管教的最大敌人。尤其经常给孩子们吃甜食，这样不仅仅让孩子们容易长蛀牙，甚至会长出"氟斑牙"。孩子到了一岁以后会很喜欢吃甜食。不给他吃，他就会哭。如果总是给孩子吃甜食的话，他的食欲自然就下降了。

一旦家长给他吃一个糖，他就会想要第二个，如果不给，他会大哭。如果老人偷偷给了糖，但是却跟孩子说不要告诉妈妈，这就是在教孩子对妈妈做出背信行为。这就是老人的教育方式为何造成孩子人格扭曲的原因之一。老话说常说"老人带的孩子长不大"，指的也就是这个了。

如厕管教

在这个阶段，也不要急于进行上厕所的管教。就算可能会有邻近的妈妈得意地跟你说："我家孩子教得可好了。"那也没有急于管教的必要。因为孩子在三岁之后，自己就能学会上厕所。要是急于管教他们的话，反而会造成尿频或者尿床的现象。

如果在婴幼儿期就对孩子进行如厕管教，会有诸多的弊端。比如，大人如果强制让孩子"嘘嘘"的话，他们就会蹬腿反抗，在这个过程中，也许尿意已经开始变得很强烈了。结果就是，还没等把他们放下，就尿出来了。面对这种情况，大人千万不要责怪孩子，应该遵从孩子的生理发展，给他戴上尿不湿，等到两岁左右的时候，再尝试对孩子进行如厕管教。

等到孩子自己会说"要尿尿"，或做出一些其他信号表示要去厕所，这个时候请一定要表扬他，对他的表现表达出喜悦的心情。

睡觉的管教

大多数情况下，白天生龙活虎的孩子，在吃过晚饭后会比较容易困倦。但是，最近有很多孩子的运动量不够，经常会一直玩到很晚。甚至有些孩子，当妈妈对他们说"该睡觉啦"的时候，他们会把玩具带到被窝里，再玩上好一会儿才睡。但是，大多数的孩子要是困了的话，就会不停地哭，不把他们抱起来晃悠一会儿就不睡。或许对想要早点睡觉的妈妈们来说，这简直就是噩梦。当大人这么想的时候，不如尝试在孩子午睡醒后，带他们去户外增加一下运动量。

现在越来越多的孩子只睡下午觉。如果白天午睡的时间太长的话，到了晚上他们就会睡得很晚。虽然对妈妈们来说，定好午睡的时间能让她们更好地安排其他计划,但结果总是不尽如人意。有时候孩子会意外地提前醒来,哭着叫妈妈,或者干脆跑到妈妈这里来。在这个时候,先紧紧地抱上孩子一会儿吧。因为当孩子睁开眼睛发现妈妈不在身边时,他们会感到非常不安。

卫生习惯

给孩子们擦脸或是洗手,这些都是妈妈们的任务。但是在教导孩子们刷牙的时候,需要让他们自己把牙刷放到嘴里,含住刷牙头。洗澡的时候,大人也不要忘记带着玩具和他们一起玩。

一岁零三四个月到两岁半

5歳までの
ゆっくり子育て

第五章

妈妈是孩子心灵的依靠 /

如果妈妈的温暖形象没有被孩子

铭刻在心该怎么办 /

缠着妈妈撒娇可以使孩子情绪稳定 /

看似是"小气鬼"实际是因为物权

意识的发展 /

与"第一叛逆期"的孩子的交往方式 /

* 妈妈是孩子心灵的依靠

有的孩子在一岁左右开始会走路,有的已经走得趋于平稳。这些孩子在两岁半之前,通常就可以走得非常稳,并且还可以原地转圈。

对这一时期的孩子来说,我们要时刻盯紧他们。因为我们不知道孩子会去挑战什么,下一秒会遇到什么危险。而且,我们必须要正视孩子的挑战欲。所以,作为大人,我们应该在孩子处境比较危险的时候给予帮助,保护好他们,而不是一味地制止他们的行为。

这一阶段的恶作剧,与以前相比尤为激烈。有很多孩子是从纸篓和梳妆台"毕业"的。虽然他们不会将纸篓中的垃圾扔得满地都是,但是他们会把纸篓扣到头上、推翻玩弄。他们会把洗脸台下面柜子里的肥皂和洗澡时用的洗发水等拿出来肆意玩耍。挤压洗发水的瓶身,使洗发水流到地板上,也可能用手不断摩擦。家长这时候千万不要用一副可怕的面孔对孩子们说:"你在干什么?"请稍微喘一口气。恶作剧是孩子探索欲望的行为表现。也就是说,喜欢恶作剧的孩子,自主性高涨,在以后的人生中必定呈现活泼生机。所以,抛却蒙受损失这一点不谈,希望妈妈把这当成是孩子成长的教材。一旦成为学习教材,妈妈也不会再有可惜之情。无论如何都请不要对孩子的恶作剧进行过多斥责。但是，请不要忘记向孩子倾诉那些因为恶作剧而带来的、作为母亲的困扰——"妈妈我呀，收拾这些东西的时候可费劲了"，不仅要对孩子说出自己的困扰，还要将为难的情绪溢于言表。如果孩子跟妈妈之间是有情绪性联系的，那么孩子看到这般情景，会产生出一种"是我让妈妈为难了"的想法，从而会萌生出一种同情的心理。这种心理是短暂性的，或只有丝毫。但是，这次萌芽会在以后的日子里不断发展成长。

为了培养孩子的同理心，我们该如何跟孩子接触交流呢？

要培养孩子的同理心，就需要在妈妈和孩子之间建立心灵联结，而建立这种联结最重要的就是肌肤之亲。孩子一旦有什么情绪，就喜欢爬到妈妈的腿上或是让妈妈抱抱自己。此时是肌肤之亲的绝佳时机，所以妈妈们可以把孩子放到腿上或者将孩子抱起来。不管什么时候，若孩子向妈妈寻求身体上的接触，那肯定是孩子的内心产生了不安。当有陌生人造访，孩子感到些许害怕时，他们肯定会爬上妈妈的膝头。孩子在攀爬妈妈的膝头时，内心的不安会消除。而对于可以消除自己不安的妈妈，孩子对她们的信任感也会随之增强。这就同我的观点不谋而合：妈妈的温暖形象深深地铭刻在孩子的心中，孩子把妈妈当作心灵的依靠、内心的避风港湾。而对于那些在青春期离家出走的不良少年来说，他们是没有心灵依靠的。

✱ 如果妈妈的温暖形象没有被孩子铭刻在心该怎么办

这个时期的孩子大多都是只要一看不到妈妈就会感到不安，总是黏着妈妈。举例来说，妈妈原本和孩子在一个房间，妈妈没有事先告诉孩子就自己去上厕所了，或者出门扔垃圾了，也有孩子沉迷于玩耍中没有注意到妈妈离开，然后停止玩耍想要依靠着妈妈的时候发现妈妈不见了，等等，孩子都会因为妈妈不在身边而感到不安。

因为孩子陷入了"妈妈可能不知道什么时候就会不见"的强烈的不安之中，因此他总是在妈妈的所去之处转悠。如果妈妈去厕所，孩子就会咚咚地敲门，大喊："妈妈，妈妈！"

一旦有这种情况，妈妈们应该多跟孩子进行肢体接触，多安慰孩子，甚至可以在上厕所的时候带着孩子一起。

陪伴孩子入睡也是很重要的。对于这个年龄段的孩子，半夜钻到妈妈的被窝里也是很常见的，多数是因为做了可怕的噩梦。因此，当孩子要求妈妈陪睡的时候，请让孩子进入妈妈的被窝里。这样孩子的情绪可以平稳下来，便可以香甜地睡着了。如果考虑到这点，我们就能够意识到让孩子自己在儿童房睡觉是多么不合理的一件事情。欧美的孩子很多都有睡眠障碍，大多就是因为这个原因。我将这个时期命名为"陪伴入睡期"，并且指出它的重要性。因为这是人格形成过程中谋求最为重要的情绪稳定所必需的。

欧美国家都提倡让孩子单独睡，那么我们就会产生疑问：欧美的孩子中是不是会有很多情绪不稳定的孩子？实际上，欧美的孩子有我国孩子无法比拟的与父母身体接触的习惯。那就是拥抱或亲吻的习惯。不仅是父母和孩子之间，夫妻之间拥抱和亲吻的次数也很多。并且，无论是在孩子面前，还是在他人面前都会表现得十分自然。就好比我们平时跟人打招呼一样自然。但是，日本没有这种习惯。在孩子面前拥抱和亲吻的父母特别少。如果在孩子面前这样做的话，稍微大一些的孩子就会说："好害羞啊！"

拥抱和亲吻在我国还是个陌生的习惯。但是，在欧美国家即使让孩子自己在房间睡，大人给他们的睡前亲吻也可以大大安抚孩子不安的情绪。但是在欧美，我们不得不关注一个被称为"13岁危机"的现象，就是未成年少女怀孕。和父母之间没有充分的肌肤之亲的孩子内心潜藏着不安情绪，到了青春期，大多数都会和男朋友发生亲密关系。这大都是因为没有和妈妈形成情绪上的亲密关系造成的。

母子（母女）之间的情绪关系在孩子一岁到两岁半这个阶段是最容易形成的。关于这一点上，孩子只对妈妈才表现出来的任性的举动就是最有力的证明。"如果不是妈妈来，我不干！"——在穿衣服这件事情上，他通常会这么抗议，即使妈妈说了可以让爸爸帮忙，他也非要让妈妈帮忙穿。这是在寻求和妈妈的亲密关系。这绝不是讨厌爸爸，而是通过让妈妈帮自己做，从而得到妈妈和自己的关系更加牢固的保证。这样孩子的情绪稳定，妈妈的温暖形象就能铭刻在孩子心中。

如果在这个时期，妈妈的温暖形象没有被孩子铭刻在心中，孩子的情绪会变得如何呢？第一，情绪变得不稳定。开始上幼儿园时，不能和小朋友愉快地玩耍，对小朋友有攻击性行为，会踩碎小朋友们堆的沙山，踢飞积木堆积的城堡。在能读懂孩子内心的老师看来，这样的孩子表情很少，有的时候甚至面无表情。而且，拥抱这样的孩子时，他们要么挣扎着身体，要么非常享受和老师之间的肌肤之亲，紧贴着老师。

对于这样的孩子，老师应该和妈妈交流，建议增加孩子和妈妈之间的身体接触。通过跟这样的妈妈聊天，我们可以发现这种妈妈养育的孩子通常都会表现得很独立，她的孩子很少会有害羞的表情。在一岁三四个月到两岁期间，孩子也不会缠着她撒娇。乍一看她的孩子是很独立的孩子，实际上是伪独立。这是母子（母女）之间的情绪关系没有形成的体现。这种孩子在步入小学后，会很容易就出现攻击性行为，到了青春期以后会很叛逆，甚至会参与校园暴力，或者离家出走，甚至误入歧途。这都是因为孩子没有体会到家庭的温暖，特别是心中没有妈妈的温暖形象存在。

✻ 缠着妈妈撒娇可以使孩子情绪稳定

在此，我们希望每一位妈妈和自己的孩子都能有肌肤之亲。如果妈妈们能理解肌肤之亲对孩子来说是多么的重要，那么请你们一定要经常抚摸孩子的肢体，给予他们肯定。对孩子们来说，得到了父母的肯定与肢体接触，会形成一种来自血缘的信赖感与安全感。他们会变得越发开朗，情绪也能沉稳下来，行为举止看起来越发的活泼。从上述描述中我们可以得知自主性和积极性都是受情绪稳定所支撑的。但是在此期间，也有缠着妈妈的一段时期，通常这种状态会持续2~3个月。随着情绪稳定，缠着妈妈撒娇的情况也就越来越少了。

可是，当一些孩子对妈妈想要撒娇时却遭到了妈妈的拒绝，妈妈会对孩子说："爸爸不行吗？"这就意味着妈妈拒绝了来自孩子的亲呢。当然，也的确会有一些比较反常的妈妈存在，这些妈妈十分讨厌被孩子纠缠，甚至还有些妈妈只要孩子稍稍靠近就会觉得毛骨悚然。这对于孩子来说真是太不幸了。孩子是无法选择妈妈的，如果孩子出生在并不喜爱自己的家庭中，我也不知道该说什么。有时候真想问一下，既然不喜欢孩子那为什么要生孩子呢？这种孩子的不幸我们是可预见的，因此我们也十分担心当这些孩子进入青春期后会发生什么样的事。

德国一位学者发起这样的倡议：如果不爱孩子就不要生孩子。因为只有真正喜欢孩子，期待孩子降临的夫妻才会善待孩子，而那些本身不愿意要孩子的父母，被迫生了孩子，在对待孩子的态度上难免冷淡或是厌恶，会对孩子的身心造成极大的伤害。我们现在也正在研究，怎样做才能让那些不太喜欢孩子的妈妈更加喜爱自己的孩子，但一时之间似乎找不到什么特别好的解决方案。

如果妈妈对孩子不甚喜爱，但爸爸喜欢孩子，经常和孩子玩耍，那么孩子的心理创伤就没有那么深。因为爸爸在专心地陪着孩子玩，通过这样的玩耍，也能很好地形成父子之间的情绪联结。

如果形成这样的联结，在进入青春期的"第二叛逆期"时，即使孩子和爸爸出现激烈对立的情况，也不会产生异常行为，或者说较少会出现对立的情况，那是因为孩子从心底信赖着爸爸。

有时，孙儿们会说"我想和爷爷一起睡"或者"我想和奶奶一起睡"，我们通常会对孩子们说："你先去问问妈妈的意见。"这时候妈妈的意见最重要。因为家庭里如果出现老人争夺孩子的情况，那么母子关系就不会很亲密。迄今为止，我看到了很多家庭因为奶奶和妈妈争抢孩子，孩子和奶奶一起睡，导致之后的母子关系中出现了很多的麻烦。这样的奶奶嘴上说着是为了孙儿，实际上大部分都是利用孙辈来排解自己的孤独。其实从某种角度来说，她们大多数都是缺乏自主性，不知道该如何度过自己的余生,因此才和孙辈玩。这样的老人害怕孙辈离开自己,就对孙辈言听计从,给他们小点心,给他们买玩具。这样做的弊端马上会在孩子的牙齿上得以体现。这种被爷爷奶奶带大的孩子到了三岁左右时,大多牙齿都成了黑牙。他们不仅任性还变得特别依赖别人。有句谚语说:"老人带大的孩子没用。"其实应该是指孩子的人格形成迟缓或者产生了扭曲,甚至将来会出现无法挽回的局面。有过这样的一个真实事件:一个男孩从小学五年级开始就拒绝再去上学,期间不去上学的状态持续了六年,根本原因在于孩子不想和奶奶分开。

我绝不会随便给孙儿们买任何玩具,即使真要给他们买,也是和他们的父母商量后再买,而且我尽量给他们一些不花钱的东西。因为彩色的广告纸可以用来做各种手工,所以我就精心地把它们收集起来。还有牛奶盒及其他的盒子也能有效利用。总而言之,我总会将这些别人看起来没用的零碎东西收集起来,然后再给他们买些胶带,大家一起动手来发明创造。看到孩子们用这些不花钱的零碎东西大胆地玩耍时,我不得不为他们丰富的创造力而惊叹。因为这些是不值钱的东西,孙儿们怎么玩我都不会训斥他们。他们会用广告纸做剑,纸箱最开始只是用来"藏猫猫"的,不久他们就用它来"盖房子"了。

✱ 看似是"小气鬼"实际是因为物权意识的发展

在这一时期给他提供朋友是没有意义的。这是因为他们还没有产生积极寻找朋友的意识。即使跟同龄的孩子一起在沙坑里玩耍,他们也是各玩各的,不会玩到一起。

即使有时出现一个孩子跑出去,其他的孩子也跟在后面跑出去的情况,这也只是单纯的模仿行为,这并不是我们所认为的能友好地一起玩耍的表现。比如,当有的孩子拿出一个新奇玩具时,其他孩子则会被吸引就想着靠近去玩,或是冒失地靠近想去拿。这个时候对方为了不被夺走玩具,肯定会大打出手。

因此作为大人的我们一定要十分注意,在情况变得糟糕之前把两人分开。如果大人这时候对孩子说"要友好地玩",或者让孩子给被惹哭的孩子道歉,这都是完全不懂得孩子心理状态的父母的行为。争抢东西,以及在这过程中咬人是这一时期孩子的特征。从这种意义上讲,积极地让他们和小朋友玩耍的做法是愚昧的。但是有意无意地带着他去有孩子的地方,给他们提供体验有朋友存在的机会是很重要的。

这一时期的孩子的另一特征是物权意识的增强。他们会很珍惜自己拥有的东西,不想借给别人。即使是妈妈说:"借我一下吧。"孩子也会说:"不要!"这个时候我们不能说孩子是"小气鬼",我们需要倾听孩子的想法。妈妈的朋友带着孩子前来做客的时候,孩子们大多都不愿意把自己的玩具借给陌生的小朋友玩。这时,作为妈妈可能会强行把孩子的玩具塞给朋友的孩子玩。妈妈这样的行为会导致孩子对父母产生不信任感。下次看到对方来的时候就会一直站在自己的玩具箱前,维护着自己的权利。因此当孩子拒绝把自己的玩具借出时,父母应当尊敬他们。

三岁之后,孩子就会滋生出与其他小朋友一起玩的想法了,也愿意把自己的玩具借给小朋友玩。当然那些对自己很重要的玩具,孩子还是不太愿意借出。

父母接受"小气鬼"这个状态对孩子以后的发育有很大的帮助。

✱ 与"第一叛逆期"的孩子的交往方式

孩子在 2~3 岁期间所表现的特征被称为"第一叛逆期"。有点什么事情他们就会说:"不要!""不行!""我自己做!"有时候会表现出对父母不再言听计从,有时还会表现出极大的抗拒。我们可以认为这是孩子的自主性进入了飞跃式发展。所以,我们不能认为,对父母进行反抗的孩子就是不听父母话的坏孩子。这是孩子们的自主性顺利发展的缘故导致。我的孙儿们是在两岁前后出现了叛逆现象。有的孙儿在两岁前开始出现叛逆的现象,有的在两岁后才出现叛逆的现象。叛逆有时因人而异,会有强弱之分,此期间一般会持续 3~6 个月。不知不觉中,他们说"不要"的次数减少,变得能很好地区分自己力所能及的事情和需要父母帮助才能完成的事情。在此期间,无论孩子们表现出多么叛逆的行为,我们都没有呵斥或者提醒他们的必要。如果他们说:"不要!"我们就回应:"哦,这样呀。"或者"是不要吗?"如果他们说:"我自己做!"我们就回应:"那你自己试试吧。"当他们自己试着去做却总也做不好时,就会大发脾气,甚至哭起来,最终就会向父母求助。这时我们千万不要去责备他们。如果责备他们,会让他们产生自卑感。自卑感一旦增强,就会产生自我怀疑。对于曾经失败的事情,给予他们再度挑战的机会,让他们能有成功的体验是很重要的。因此我们一般都会说"那下次加油吧"来鼓励他们。如果这时还没有自信,他们还会说:"我不要。"但是他们自己觉得可以挑战时,就会说"我试试",然后全力地去做。过去失败的事情终于成功的时候,就会大大地提升自信心。这种自信就会深深地扎根于品格中。这和优越感是不同的。

对于叛逆期,我们能想到的第一感受就是那些仅仅因为孩子不听话就发火的父母们的无奈。这是因为我们在成长过程中，一直都有因为不听话就被父母训斥的经历，并且被灌输着不听父母的话就是不孝的思想。因此，即使成人后，我们也会变成对于权力者也不能明确说出自己意见的人，但是懊悔和不满会堆积在心里。孩子屈从于父母后也会遗留不稳定的情绪，而孩子自己是不容易发觉的。他们可能会无缘由地急躁起来，因为不能表达自己的情绪而变得面无表情。不能明确表达自己情绪的孩子也很少发脾气或哭泣，他们非常听从父母的话，通常被认为是"好孩子"。其实是他们的情绪发展迟缓，日后很可能会出现情绪不稳的情况。

这一时期的孩子的另一个特征是情绪起伏大，经常哭和笑，特别是事情不如自己所愿时，就会发脾气。发起脾气时，会又踢又踹，把脸埋起来哭泣，或者用身体撞向父母。看见这样的孩子，父母就担心这么下去会不会变成"坏孩子"。甚至有的妈妈还会担心孩子会变成不良少年而来找我咨询。其实根本不用担心。这些能明确表现自我的孩子也顺利实现了情绪的发展。

当孩子发脾气的时候，家长不要过多干涉，这个时候说责备或者抚慰的话，反而使孩子的情绪急躁。家长只需要慢慢等待孩子自己平复心情即可。因此，当孩子从急躁中平静下来时，家长应该夸孩子懂事，表现出对他能控制自己情绪的喜悦，甚至可以把孩子抱在怀里。因为这更有助于使他情绪稳定。

过了三岁之后，这种比较大的情绪波动会逐渐减少。因此，在这个年龄段要用心地培育孩子的自主性。如果急于管教，限制孩子的各种天性，即使孩子变成了老实的孩子，他们也会是情绪不稳定的孩子。因此，多宽容地对待孩子的恶作剧吧。

第六章 两岁半到三岁半

5歳までの
ゆっくり子育て

怎样让孩子交上朋友 /

社会性和自主性通过"打架"得以

提升 /

生活习惯的培养要让孩子自己

来完成 /

✻ 怎样让孩子交上朋友

　　在这一时期，孩子会发生重大变化。大致来说，在这一时期，孩子会慢慢褪去婴儿的特质，大哥哥或者是大姐姐的样子会显现出来，虽然尚只是萌芽阶段。因此，他们对年龄比较小的孩子的态度也会发生变化。此外，对于自主性发展顺利的孩子来说，三岁前后，由于他们会产生主动跟朋友玩耍的想法，所以他们必须要考虑该如何去对待自己的朋友。孩子的社交范围开始扩大，也开始去学习社会性。自主性发展顺利的孩子，在生活习惯方面，由于大部分已经实现自理，即使在没有父母保护的场合下，比如幼儿园等地，也会自己照顾自己。对于妈妈来说，孩子终于进入到大人可以喘口气放松一下的年龄段了。

　　从孩子三岁前后开始，希望爸爸妈妈们都要一起考虑下该如何对待孩子交友这个问题。若是住所周围有相似年龄段的孩子，大家有机会一起玩耍的话，那么当孩子跟其他孩子一起玩耍时，我们便要对他的这种行为进行奖励。不过，在当今日本，孩子的数量越来越少，户外游戏场所也已经消失，孩子与朋友们一起玩耍的机会更是少之又少，或许最好的方法就是让孩子进幼儿园。幼儿园在充分考虑孩子社会性发展的基础上实行三年保育计划。这是因为从三岁开始，孩子便能够适应集体生活这一自身发展的需求。

我孙儿的生日是在四月中旬，如果他跟同一年出生的孩子一起进入幼儿园，他便有一年的时间都不能跟朋友们一起玩。但是考虑到孩子社会性的发展，我是非常希望在孩子三岁时便将他送去幼儿园。于是，我拜托与自己交好的幼儿园，让孙子接受四年保育，最终才被幼儿园接纳。

但是，因为与朋友们接触的机会变少了，刚进幼儿园时，孩子对幼儿园并没有产生积极的兴趣。因此，有一天当他说："今天我想待在家里"时，他便留在家里跟奶奶开开心心地玩了一天。出发前往幼儿园的时候，相对于幼儿园，途中的任何事物对他来说都是新奇的，可以让他产生极大兴趣。因此，去幼儿园途中，总会耽搁时间。一旦去附和孙子的兴趣，那么10分钟左右的路程，便需要花费30分钟。比如，途中路过的香烟铺中摆放着一个鱼缸，他会走向前蹲在那儿，目不转睛地盯着金鱼看它们游来游去的样子。这是因为我们家里没有养金鱼的缘故。此外，十字路口那边，有白色油漆画的脚印，孩子便会去踩那个脚印，想要让自己的脚跟它吻合。玩了差不多20次，就在我想着"终于玩得差不多了吧"的时候，孩子又盯上了对面的脚印，又开始玩起同样的游戏。在这种情况下，你不放宽心，就会感觉焦躁不安。尤其是当奶奶或者是妈妈送孩子去幼儿园时，因为还有不少工作或家务要忙，这个时候如果孩子再不听话，不加以配合的话，奶奶或妈妈就很容易变得焦虑不安起来。

她们曾经多次抱怨："今天走到半路他就是不动了，真是让人头疼。"我解释说："他现在正是爱瞎逛的时候，这是在进行社会学习呢。"可家人们并不接受这个说法。

过了两个月，发生了一个小插曲，让我们看到他能和朋友们一起玩的希望。那是我回家的时候，他跑出来迎接我，一看到我就叫道："呀，老头儿！"在我们家从来没有人管我叫过"老头儿"，说明这个词他是在幼儿园学到的。幼儿园里老师也不会教这种词，那肯定是朋友教他的，他回家以后还在不断复习。也就是说，这个词是他开始和朋友沟通交流的证据。我当时非常高兴，立刻回了他一句："咋样，小子！"并装模作样地瞪着他。当然，是那种闹着玩的吹胡子瞪眼。他高兴地大叫："呀！呀！"转身逃跑了。我喊着："好小子，站住！"随后追过去。两个人在屋里你追我赶，好不热闹。

　　之后，他对我的称呼就变成了"老头儿"。要跟我说什么的时候，张口就是："老头儿啊……"和我一起玩的时候，他会称呼自己为"本大爷"。这些都是朋友之间的交谈方式。所以，我和孙子玩得开心的时候，他会说："老头儿，帮我按住这儿！"我会答应一声："好嘞！"玩积木的时候，我也会说："你小子那边得搭得高一点。"

　　我讲这种故事，肯定会有家长问那我是怎么培养孩子言语礼貌的呢？我的答案是只要家里的人不叫我"老头儿"，孩子也会学着使用正式的语言。比如说，如果有和我孙子不是很熟悉的客人到家里来，孩子都会叫我"爷爷"。大概过了一年以后，"老头儿"这个称呼便被他遗弃了。即使我自己说："老头儿我啊……"孙子也会称呼我为"老爷爷"。当然，和我玩到很疯的时候，或是和我开玩笑的时候，他还是会叫我"老头儿"。但到六岁的时候，连这种情形也基本上完全消失了。因此根本没有必要急着教孩子礼貌用语。我都叫自己"老头儿"了，所以家里从来没有人教训孩子不要用这种称呼。

✱ 社会性和自主性通过"打架"得以提升

孩子不知哪一天就会带着"熊猫眼"回家来，这说明他和朋友打架了。对于在幼儿园里究竟发生了什么事，我一直坚持一个原则：孩子不说，我就不问。他不把这些事情说给家里人听，说明他自己处理事情的能力在进步，这有助于他自主性的发展。被朋友打哭后找家长告状的孩子，自己处理事情的能力低，所以才想要寻求家长的帮助。这种孩子依赖性强，性格软弱。这种时候如果母亲袒护孩子，孩子会变得更加软弱。所以，日本古训有云："孩子打架，大人不要插手。"孩子如果诉苦说被朋友欺负了，家长只要安慰一句："被欺负了很难过，对吧？"这样就可以了，不要过多干涉。

但是现在，孩子一哭诉立刻就给幼儿园或对方家长打电话的妈妈越来越多。尤其是孩子受伤了，很多人立刻火冒三丈要去找对方理论。在幼儿园，孩子们打架在所难免，有时会受点小伤，或是头上被碰出个包之类的。因为孩子的小争执而着急上火的母亲，可以说既滑稽又可怜。她们会让孩子的内心越来越软弱。只有不断打架，自身的社会性才能不断成长，自主性才能得到提升。通过这个过程他会明白，别人也有别人的想法，不是所有的事情都会按照自己的想法来。

而且孩子一旦体会到和朋友玩耍的乐趣，打架后就会思考怎么才能和对方和平地玩耍。当然这并不一定能够顺利达成目的，有时甚至还会再跟对方打起来，孩子们会因此而烦恼，会因此而造成痛苦的体验，但这些体验对孩子的人格成长有非常重要的意义。

所以，孩子打架，家长绝对不要插嘴。"和朋友好好玩"这种提议有时当然也有必要，但孩子自己也知道和朋友一起玩会更开心，所以根本用不着妈妈说。妈妈们如果说出"打架的孩子是坏孩子"这种话就是犯了大错。孩子要是连打架都不会，事情就严重了。那样的孩子遇到什么事情都不敢坚持己见，因为他们已经不会了。因此家长们在选择幼儿园时，如果园里的教育方针中有"关系融洽"等字眼，那还是放弃这家比较好。因为在这种幼儿园里，老师们会教育孩子"打架的孩子是坏孩子"。孩子一打架，他们就会第一时间介入。事实上，现在不会打架的孩子正在日渐增多。这是因为家庭以及幼儿园都在向孩子灌输"打架是坏孩子才会做的事"这种观念。

我的孙子从三岁左右起开始对和朋友一起玩耍产生了兴趣，他开始喜欢上了幼儿园生活。当时他所在的幼儿园每周会有一天是大小孩子混合保育的时间，因此他也开始有机会和比自己年龄大的孩子接触。但三岁的孩子要集体玩一个游戏是不可能的，所以还是以孩子们自由玩耍为主。

✱ 生活习惯的培养要让孩子自己来完成

生活习惯除了包括穿衣、吃饭、排泄、睡眠等维持生命相关的事情，还包括卫生习惯。这些事情如果在孩子三岁半前完全交给他们来做的话，他们是能够自己学会的。在没有家人看护的幼儿园里，基本的事情他们是能够学着自己做的，这是培养自立能力的重要时期，因此才需要幼儿园的集体生活。

但是，就如我在"两岁半前的发育"中所说，这些教育并不是越早越好。总之，要在孩子自己想做的时候让孩子做，家长只是指导一下技巧就好了。换句话说，孩子有兴趣和热情的时候就是教给他们技巧的最佳时机。但是太急着教技巧的话，孩子一出错家长就会训斥，孩子反而会失去兴趣，最终欲速则不达。顺利完成时当然可以夸奖，但孩子失败时绝对不能责备他们，要一直鼓励他们。

关于吃饭

那些运动量大，进餐有规律的孩子在吃饭前会有空腹感，因此他们喜欢吃饭。这样的孩子无需家长在一旁监督着他们"好好吃""别玩了"。尤其是在进行了大量户外运动之后，有的孩子甚至会吃着晚饭就睡着了。

过去这种孩子很常见，但现在却很少了。这是因为孩子们的户外运动量大大减少了。家长们不要嫌麻烦，要多带孩子到户外，尽量增加他们的运动量。

还有就是零食的问题。零食是一日三餐的辅助。每天三餐，每餐孩子吃的量比较少，所以需要在间隔时间里补充一些他们喜欢的食物（点心或水果）。但如果因为吃零食而影响到他们吃正餐的话，那么就必须要控制零食的量了。点心很合孩子的口味，因此他们肯定会说："还想吃。"这时候妈妈必须要展现出坚定的态度。总之，不管孩子再怎么纠缠着想吃，家长都要想办法拒绝他们。从一岁左右开始坚持这种态度的话，孩子会变得越来越明事理。尤其是到了三岁以后，这种趋势会表现得越发明显。如果输给孩子的纠缠，把零食给了他，那晚上他就吃不下去饭了。到这个时候再来呵斥他，那又是本末倒置了，因为是妈妈没能保持坚决态度才造成这样的结果。在呵斥孩子前，妈妈要向他说清楚，不管再怎么哭闹都不会妥协了。

不分时间任意给孩子吃零食是最不能接受的养育方式，只要孩子一闹就把点心或水果给他。这么做不仅会影响孩子的食欲，还会导致营养不良，这也是引起孩子偏食的原因之一。更重要的是，这样做会培养出缺乏忍耐力的孩子，使他们变得任性起来。家长可能觉得几块点心无所谓，但不要忘了"千里之堤，溃于蚁穴"。家长这种随随便便的态度最终会反映到孩子的人格里。日常生活中对孩子疏于教育，出了问题又去打孩子、骂孩子，甚至给孩子戴帽子——"你真是一个任性的孩子"，这样的家长数不胜数。越是这样的家长越赞成体罚，因为这种方式对家长来说最便利了。

在欧美就不会出现这种乱吃零食的问题。因为他们有固定的喝茶时间，所有人都会在这时候简单吃些零食。即使有客人来，只要不是喝茶时间，主人也不会拿出任何东西来招待。来访的人如果不提前预约，甚至有可能被主人拒之门外。因为在欧美，没有预约就访问别人家会打乱他们的生活，所以除非有很紧急的事情，否则大家绝不会这么做。那在日本又是怎样呢？有的人会不预约就闯到别人家里。他们缺少对主人家庭生活的体谅。客人来了之后，主人不拿出茶点招待是不行的。大人们随时享用食品和饮料，自然很难给孩子做出好的榜样。

旅行的时候也是：坐上火车，我们习惯几个人凑到一起立刻开始大快朵颐。但欧美人习惯了遵守饮食的时间，所以他们会在饮茶时间才拿出零食来吃，列车上卖东西的推车也只会在这个时间才过来。说到这一点，日本东海道新干线等列车上的销售员实在是往来得过于频繁。东京到新大阪大约有三个多小时，销售员要来接近三十次。人和手推车都会发出声音，乘客想睡觉都睡不着。

纠正挑食

孩子到这个年龄，已经能清楚地表达自己的好恶了，因此很容易出现挑食。挑食的原因有很多：第一，零食吃太多。平常吃太多零食，到三餐时就会边吃边玩，而且只挑自己喜欢的吃。此外，很多体型比较瘦的孩子吃得少，为了让他们变胖一些，妈妈会强迫他们吃饭。越是强制，孩子越是抗拒，最后饭桌变成了妈妈和孩子的战场。结果就是妈妈总想让孩子多吃点，所以只挑孩子喜欢的做，自然会导致孩子偏食。首先家长要做的是明确吃零食的时间和量，其次要停止强制孩子吃饭。如果孩子开始一边玩一边吃，妈妈就要明确告诉他："这顿饭就到这儿了。"

也许有的孩子会说"我还想吃"，妈妈听到往往又动了心，那之前说过的话就又失效了，这在育儿过程中是绝对不允许的。因此，这个时候妈妈的态度一定要非常坚决。

孩子挑食的第二个原因是家里有其他人挑食，尤其妈妈自身如果就是一个挑食的人，孩子也很容易变成挑食的孩子。父母首先要努力纠正自己挑食的习惯，给孩子树立榜样。成年人要纠正起来比较困难，但父母努力的态度会感染孩子，孩子自然就会模仿。

我在小时候也曾经挑食，但家里人告诉我，即使不喜欢的东西也要吃一口。这样尝试一段时间之后，原本很抵触的食物不知不觉间也变得喜欢了，而且还培养了我挑战新事物的热情。在食物方面，日本所有的食物我都能吃得下去，欧美国家独有的食物我基本也都能吃进去。在吃这方面，我的适应性非常强。我的孩子们多少受到妈妈的影响，有不喜欢的食物，但还没到挑食的程度。而孙儿们也是，也没有挑食。我很喜欢信州的蜂蛹，但家里吃这个的只有我一个人。我和孙儿们一起吃饭的时候，把蜂蛹放进小碟里问他们："要不要尝一下？"孩子们都说："好吃，再来点。"他们是知道如何分辨味道的。如果大人这时候说："太恶心了！"恐怕孩子们就不会吃了。但大家都没说话，后来他们渐渐喜欢上了蜂蛹。

用餐的礼仪

吃饭过程中，孩子们有时会把胳膊肘放进碗里，或是将手按到盘子上，或是打翻汤水或食物。这时候我们没必要大惊小怪，尽快把狼藉的场面收拾干净就行了，当然收拾的时候要尽可能让孩子也帮着做一些力所能及的事情。当他们出现上述这些状况时，我们最不能做的就是大声呵斥孩子。好不容易做好的饭菜因为孩子调皮的缘故被打翻，妈妈肯定会很生气，加上还要收拾残局，所以有时候会有想打孩子的冲动也是可以理解的，但这个时候妈妈们一定要想办法控制自己的情绪，适当地鼓励孩子："下一次注意不要再弄撒了！"妈妈们也要一点一点地教给孩子收拾东西的方法。人都有失败的时候，妈妈们肯定也品尝过失败的滋味。不去责备，温暖地包容犯错的孩子，这对妈妈们来说也有助于培养孩子体贴他人的品格。受到鼓励，孩子自然就会生出下次绝不能再失败的决心，也能培养出不苛责他人的品格。相反，被呵斥或被打的话，恐惧心理会影响他们很长时间。如果失败以后总是被斥责，孩子就会变得战战兢兢，心里产生很强的自卑感。如果因为孩子失败，便不让孩子再次尝试，那么孩子就失去了将失败变成成功的机会，做事畏畏缩缩。长此以往，孩子的性格问题会越来越大。

此外，把吃饭变成愉快的事也非常重要。那么我们应该如何做才能在餐桌上营造出一家团圆的欢乐气氛？在欧美国家，晚饭是一家团聚的重要时间。团圆的气氛最重要的是有共同的话题，孩子到了三岁，开始和大人们坐到一张桌子上吃饭，所以大人们必须要思考孩子也感兴趣的话题。爸爸可以聊上下班途中见到的趣事，可以聊自己孩童时候的事情。在欧美国家，招待客人时，话题是最核心的部分，饭菜还在其次，酒也是适可而止。如果没有有趣的话题来带动用餐气氛，那别人会认为宴会是失败的。在日本，招待客人时在食物上花的心思多，酒也要让客人喝好。妈妈们为此忙前忙后，根本没时间参加饭桌上的聊天，简直就是"女佣人"。这种情形在平常吃饭时也很常见。吃饭变成了单纯的补充营养，所以才需要电视机来填补这段无聊的时间。因为没有饮食文化，我们的餐桌才会被电视机占领。

在我家，吃饭时关掉电视已经成为一条原则。而且我们家的电视是最小的那种，稍微离远一些就看不清了。我会尽量为孙儿们找一些有趣的话题，他们说的话我也会认真听。暑假的时候我会待在信州的山庄里，孙儿们也会陆续前来，但那里并没有安装电视。因为我想让孩子们在大自然中尽情玩耍。固定电话也没装。因为文明的利器有时也会变成影响人们精神生活的凶器。

在日本建立饮食文化恐怕还要花费几十年。用餐时如果能找到有趣的话题，孩子们的兴趣自然就会转向它们，到时候电视机也就能从餐厅消失了。

排尿、排便的预警

在孩子两岁半左右的时候，他们已经学会在撒尿前说"我想要尿尿"，这时候孩子们就可以不再使用尿不湿了。但就算他们会提前表达要"嘘嘘"，或者"便便"，可孩子在玩得十分投入时，偶尔也会忘记告诉家长。这个时候请家长们不要责备或训斥孩子，因为他们也不是故意的。排尿的机制由三个阶段构成。膀胱中积存一定的尿液后，人就会有排尿的欲望（尿意），但还比较微弱。如果此时专注于某个事情的话，尿意就会消失，之后尿液继续在膀胱中增多，这时候会有比较强的尿意，但还能够忍耐。到第三阶段，膀胱中积存了大量的尿液，人就必须赶紧去厕所了。

想必妈妈们已经有过无数次这种体验了，孩子之所以没尿在外面，是因为第三阶段的行动比较及时。可一旦玩得投入时，到了第三阶段，刚站起来尿就已经流出来了。所以在幼儿园的时候，老师们都会让家长给孩子们准备替换的衣物，以便可以及时替换被尿湿的衣物。当然，幼儿园的老师应该是不会在孩子尿裤子时呵斥他们的，因为他们明白这是很自然的事情。请妈妈们也要学习这一点。

如果白天孩子多次尿裤子，就需要考虑他们是不是有什么精神压力。最常见的原因是在弟弟妹妹出生以后，爸爸妈妈们把全部精力都放在了他们身上的时候。这时岁数大的孩子觉得父母更喜欢弟弟妹妹，从而产生强烈的不安。弟弟妹妹从不会被训斥，只有自己老是挨骂，心理上会产生一定的负担。

在我的孙子两岁零八个月的时候，他的妹妹出生了。妹妹两个月时，她开始会微笑了。看着这可爱的笑容，全家人的眼光都聚焦到了妹妹身上。从那时候起，哥哥开始出现尿裤子的现象，有时一天甚至达到五六次，严重的时候他甚至把大便拉在地毯上。发现这个问题后，我们尽量努力多抱抱他，试图通过肌肤育儿法来稳定他的情绪。当然，从来没有一次因为尿裤子而训斥过他。大约一个半月的时间，随着他的情绪逐渐稳定，这种现象也消失了。如果我们选择训斥这种方式的话，他的情绪会越来越不稳定，可能还会持续出现尿裤子的情况。除了排泄的问题，当时他的行为也变得粗暴。一有事情就乱扔东西，还一度出现过口吃。当然，情绪稳定后这些现象都消失了。

尿床的复杂性

这个年龄段的孩子差不多要面临尿床的问题了。有人认为三岁以上的孩子如果出现尿床可以视为一种病态了。一直以来我都非常反对这种说法。因为将三岁作为分界线只是根据统计数据做出的结论，完全无视了孩子个人发育的差异。有的孩子三岁前就已经不再尿床了。这些孩子当中，有的整晚都不会醒，有的孩子则在夜里醒来告诉妈妈要尿尿，让妈妈带自己到厕所去，有的孩子甚至能自己上厕所。与此相反，尽管在大人看来应该是毫无精神负担的年纪，仍然有些孩子会一直尿床到小学一二年级，之后尿床现象完全消失。此外，到四五岁仍然会尿床的孩子也不少见。简言之，尿床消失的年龄存在个体差异。因此我的结论是，无需着急纠正孩子尿床的毛病，也不要因为孩子尿床而太过担忧，当然妈妈们着急生气也是在所难免。这时候我们可以先给孩子穿尿不湿，找合适的机会再脱下来。合适的机会指连续几天尿不湿都没被尿湿。另外，当孩子不尿床了，我们要适当进行夸奖。夸奖有多大效果我不知道，因为夸完了当晚孩子又尿床的情形我也经历过。

同时，等生了二胎、三胎以后，如果感觉到和大孩子的肌肤接触不够，妈妈们要多把他们抱上膝盖和自己亲近。如果这么做孩子显得很高兴的话，说明他也早就希望妈妈这么做。我还知道这样的例子：妈妈开始陪睡以后，孩子尿床的现象自然而然地就消失了。但这并不代表全部，因为尿床涉及很多复杂的因素。总之，绝对不要训斥孩子，慢慢等待他们自己成长很重要。

为了让孩子安睡

这个阶段的孩子在入睡前非常希望妈妈能陪在自己身边，或是让妈妈给自己念念绘本，或是听妈妈说话，或是和妈妈一起唱歌。而妈妈可能更希望孩子早点睡，好做自己的事情，但这种焦虑会传给孩子，有时反而会让他们更难以入睡。所以这时候还不如耐心地陪着孩子，直到他睡着。那么我们应当怎么做，才能让孩子安然入睡呢？有些孩子会把喜欢的玩具拿到床上玩，有的会拿个玩具娃娃和它说话，这时候就让他一个人玩吧。让孩子享受充分的自由。

有时候到了半夜里，孩子会突然大哭，把妈妈惊醒。尤其是刚上幼儿园的时候，一切事物都是新鲜的，孩子的不安感会被无限扩大，而且还可能被别的小朋友欺负。夜里哭可能是梦到了这些事情。这时候妈妈可能会感到担心，此时想要让孩子平静下来的话，请默默地抱住他。只要妈妈和孩子之间建立了充分的亲肤关系，妈妈的怀抱就能让孩子安静下来，因为妈妈的肌肤是稳定孩子情绪最有效的良方。不久以后孩子就会安静下来再次睡着，等听到孩子呼吸稳定以后再把他放回床上。

穿衣服和洗澡等

在这一时期尽量让孩子自己学会穿衣服，这有助于培养他们的独立性。特别是那些进入"第一叛逆期"的孩子，他们都会喊着："我自己来！"这时候我们应该对他们说："请你做给我看看吧！"你就能看到他们绞尽脑汁穿衣服的样子。但是有些妈妈们看到孩子慢慢腾腾那个费劲的样子，就会着急地上去帮忙。这个时候还在坚持"自己来"的孩子其实是很棒的孩子。妈妈因为担心孩子穿衣服慢吞吞会着凉感冒，容易催促孩子快点穿。所以能够十分有耐心等着孩子自己把衣服穿好的妈妈也是非常棒的妈妈。那些最后能够自己把衣服都穿好的孩子也应受到表扬。这样，孩子就会有自信。不过有时候也会有怎么努力都穿不好的时候，我们就要告诉他："再试试看。"看着他自己一直在努力，只要再一点点就能成功的时候，我们就要告诉他："你再努力一点点试试看。"他的欲望就会一下子被点燃。那样他就会再挑战一次。如果成功了，他们就会满脸得意。从此他们就会拥有克服困难的经验，变得越来越自信。如果他挑战失败了，也请告诉他："以后再接再厉。"

一家人外出的时候，妈妈和孩子很容易产生矛盾。妈妈总是希望孩子能穿上新衣服。孩子们总会对新衣服很感兴趣，所以就想要自己穿衣服。可是他们总是扣不好扣子。妈妈在出门前也需要时间收拾其他东西，于是就会催促孩子。可是孩子却总是不能很快穿好衣服。妈妈们想要帮孩子的时候，孩子却推开她的手。这样一来，妈妈就会发脾气，一气之下给他们把衣服都穿上。有些孩子会把衣服脱了，重新穿。气冲云霄的妈妈们便会威胁说："再也不带你去了！"或者"你一个人在家里待着吧！"不过，那只不过是吓唬人罢了，最后那些哇哇大哭的孩子还是会被一股脑儿地塞到车里带走。不能自己换衣服这件事情总会让孩子们很不高兴，特别是那些自主性很强的孩子。本来是很愉快的外出，就因为父母跟孩子的对立，而被搞得很不愉快。再加上大人们总会威胁孩子说："下次再也不带你出去了！"这样就会让孩子觉得妈妈认为他是个"坏孩子"。

应对正处于反抗期的孩子，出门前必须给他们预留出充足的时间。如果孩子提出要"自己来"，那就让孩子自己穿。如果试来试去，最后还是没穿好，他就会跑到妈妈身边来请求帮忙了。这时候，别忘了鼓励他："我们下次再来试吧。"再帮他把衣服穿好。穿好后，也该出发了，这样一来，你们就能愉快地出门，去迎接快乐的一天。这样的妈妈才是能充分理解孩子，倾听孩子，能为孩子着想的好妈妈。

如果在这个时期，不管遇到什么事情都要寻求帮助，这种依赖感特别强的孩子独立性发育会出现迟缓。发生这种情况，多数原因是因为家人帮孩子处理了一切事情。长此以往，孩子慢慢就会产生很强的依赖性，无论什么事情首先想到的就是让妈妈来帮忙。有的孩子在刚过两岁半的时候，就会养成很强的依赖性。对待这样的孩子，妈妈们就要以他们进入幼儿园为契机，尽量把事情都"托付给孩子"来完成。如果这时候再不这样做，就有可能出现入园困难，或者即便是进入幼儿园也很难交到朋友。

洗澡

孩子自己洗澡的时候，通常都会花很长的时间，即便是这样，家长们也应该让孩子自己洗。看到孩子磨磨蹭蹭玩香皂的时候，妈妈们一定很不耐烦吧？但是请忍耐一下。孩子洗澡的时候妈妈们考虑的都是清洁和保暖，而孩子们想的却是可以尽情地玩水嬉戏。所以我们要从孩子的角度来考虑孩子们的需求。

我的孙子们最喜欢和我一起洗澡，每次我要洗澡的时候他们都会喊着："我也要和爷爷一起洗澡！""我也要！"然后脱掉衣服挤进浴室里。因为每次孙子们洗澡的时候，我都会和他们一起玩。准备好各种玩具，洗脸池、水瓢、浴缸盖都成了他们的玩具，即便孙子们想在浴缸里玩潜水、打水仗，我都会允许，因此他们总能玩得十分尽兴。

有时候他们真的非常会捣乱，不过当我和他们在一起时，孙子们会显得十分开心。因为我从来不会限制他们洗澡的时间。一定得孩子们自己主动说不想洗了，我才让他们出来。所以，我从来不会对他们说"不行""不允许"这样干涉性、命令性的话。因为孩子们喜欢这样的自由。但"自由"并不代表"放任"。"自由放任"总是被同时提起，有的人会把"自由"和"放任"混为一谈，但是对我来说，"自由"和"放任"却是完全对立的。对于孩子，我们必须给予他们充分的自由，但是绝对不能放任。在你给予孩子自由的同时，你就一定要肩负起更大的责任，绝对不能让孩子离开你的视线。你必须要认真关注孩子成长的方方面面。一旦发现哪个方面发育迟缓，就要认真思考，并将你的思考付诸行动。孩子们都极富创造性，也会做出一些让你很感动的事情。所以即使有时候他们某些行为看起来像是在"捣蛋"，但其中却蕴含着他们的创造性，这让我十分感动。我和孩子们相处的乐趣，也就在于他们给我带来的诸多感动。从这一点来看，如果家长总先想到管教的话，那么就无法体会其中的感动。爱管教的妈妈们看到孩子在浴缸里开始玩耍的时候，就会紧盯着他们。只要看到孩子开始玩洗脸池就会训斥。长此以往，你得到的只会是一个乖乖洗澡的听话的孩子，作为妈妈你可能感到很满意，但是你却失去了被孩子感动的机会，无法感受到孩子带给你的快乐。

在卫生习惯方面，比如洗手、洗脸之类的事情都应当让孩子自己独立完成，这是十分重要的。当你把这些事情"托付"给孩子时，孩子就会立刻进入玩耍模式：弄湿袖子、弄坏肥皂、浪费时间，诸如此类。但是，这样的独立完成能够锻炼孩子的自主性。如果你不喜欢让孩子"捣蛋"，而是自己迅速给孩子洗完手、擦完脸的话，孩子就会变得不再捣蛋。对于妈妈们来说或许这样会很方便省事，但孩子却会养成很强的依赖性。而且有的研究学者说，如果孩子能自己洗脸，就会习惯水拍打脸部的感觉，在进游泳池的时候，他们也会比其他的孩子更快适应游泳的环境。

所以，在许多生活习惯方面，无论孩子表现得有多慢、多笨拙，也请给予孩子足够的自由和时间，让他们尽可能独立完成，当他们在进行的时候，你所需要做的就是静静守候在他身边看着一切，不要插嘴，也不要代替孩子完成。这样做似乎很艰难，但我把它称为"无言的行动"。这里说的"行动"是修行的意思。能够修行好的妈妈都是了不起的妈妈。

妈妈们在努力的时候，奶奶们对孩子也是无微不至地关怀。事无巨细地为孩子服务是她们认为的疼爱孩子的方式。但是从孩子成长发育的过程来看，她们做的大多都是在多管闲事，但是奶奶们却并没有注意到这个事实。于是有很多奶奶就会训斥那些静静看着孩子做事的妈妈们冷血。由此婆媳之间的关系就会变得紧张，这样的例子在今天屡见不鲜。

另外，有姐姐的家庭也应该适当注意下，有些父母会让年长的姐姐来照顾弟弟，这样就导致弟弟对姐姐产生了很强的依赖感。有的妈妈把会照顾弟妹的姐姐看作是"好孩子"，也有的妈妈干脆自己什么都不管，把年幼的孩子都交给姐姐看管。姐姐就这样变成了年幼弟弟妹妹的保姆，其实是十分可怜的，而弟弟妹妹也因为有了姐姐的照顾而得不到锻炼，无法形成自主能力。

孩子的文化财产

那些自主性强的孩子，往往对任何事物都充满了好奇心，有着很强的动手欲望。他们不仅会对家里的家具表现出极大的好奇心，任何新鲜玩意都会吸引他们的目光。

我的第二个孙子在一岁零八个月的时候就会用剪刀了。那时候正好赶上年末送礼物，他就开始用剪刀剪开那些包扎着岁末礼物的绳子。虽然他对剪绳子这件事情很感兴趣，但是他更想看看盒子里面到底装的是什么。像红茶这样的礼物，里面的包装纸五彩缤纷，他就特别喜欢将它们进行分类，不停地从箱子里拿出来放进去，放进去又拿出来，乐此不疲。他还会摆弄那些调味品，或者是把它们装进罐子里。他每天都会像这样不断重复地摆弄着，慢慢地就能根据箱子的大小、外观来判断里面装的是什么东西，而对于那些自己不感兴趣的东西，他把包装纸一拆就扔到一边去了。他喜欢海苔，所以就对装海苔的罐子特别感兴趣，同时他还会关心罐子上面的文字。他记住了"海"这个字，当我每次读书看报的时候，他就会从书报的内容里面把"海"字都找出来，然后嘴里念叨着这是海苔的"海"，一脸开心的样子。当我给他读绘本的时候，他也要先把"海"字全都找出来，嘴里还喊着："这儿也有，这儿也有！"他就这样不知不觉地对文字产生了兴趣。打那以后就演变成凡是对有兴趣的东西上面写着的字，都会问一下："这个字怎么读呢？"

比如当我给他读"多啦A梦"的时候，他就会不断地重复并记住这几个字。所以那些好奇心强的孩子，常常会自发地去学习，而我们从来没想过这么早就教孩子认字。但是每当孩子提出让我们教教他的时候，我们都会认真地教他。对数字也是一样。他特别喜欢有各种动物照片的画册，其中有几册他更是反复看了好多次，他会指着页码问："这写的是什么呀？"我就会回答："这是5。"过不了多久他就会接连不断地问有关数字的问题，慢慢地，他就学会了数字。

无论是文字还是数字，最初只是单纯地读，当他看了几次我写作的样子后，又对书写开始有了兴趣。他对我说："请给我一张纸吧。"我就把稿纸和铅笔都递给他。这个时候他已经有了记忆，于是就把自己感兴趣的文字和数字都写了出来。这些事情都是在他三岁半前后发生的。

我在这里叙述孙子的成长过程，并不是想让孩子们提前学习文字和数字。我想说的是，对于那些好奇心很强的孩子来说，不仅仅是他们周围的绘本、海苔罐子上的文字、报纸或者我创作的底稿中的文字，生活中很多东西都会吸引他们的目光，让他们不断学习成长。所以，我一直认为"应试教育"有着很大的缺陷。那些被动学习的孩子慢慢就会丧失学习的兴趣。被妈妈们强制记住的知识，可能在小学这样低年级时还能发挥一定的效果，以后孩子就会慢慢彻底失去自主学习的动力。在进幼儿园之前就参加了文字和数字特训班的一个三年级孩子的妈妈曾来向我咨询过，她说孩子的班主任说孩子大脑发育迟缓，建议换到特殊学校去学习。其实当孩子在进行特训的过程中，那些被迫记住的知识不断地扭曲着孩子的记忆力，后来，无论是幼儿园的时候还是升入小学后，孩子都不断地接受着特训，正因如此，孩子完全失去了自主能力。对于孩子这样的状态，他的妈妈打他，惩罚他。我们尝试着跟这个孩子一起玩耍。可是他连怎么玩也不知道，只是呆呆地站立在那儿。

我们和孩子的妈妈商量让孩子暂时忘掉学习，首先要让他学会怎么玩耍，但是孩子的妈妈却一直主张想让孩子学习，最终也没有采纳我们的意见。到后来我们从其他途径得知，这个孩子在五年级的时候被迫转去了特殊学校。听说在特殊学校也完全学不进去，所有的考试基本都是交白卷的状态。

虽然这是一个极端的例子，但有的孩子确实不是本身有认知能力问题，只是暂时对学习失去了兴趣。那些被老师或是家长称为"差生"的孩子中，就有这样的孩子，哪怕是特殊学校里面，也有智商正常的孩子。也就是说，有些孩子的智商其实是正常的，但是却无法在学校里进行正常的学习。为了防止出现诸如此类的状况，我们需要让孩子在幼儿期过以"玩"为中心的生活。这里所说的"玩"是让他们"自由玩耍"。自由是培养孩子们自主性必不可少的条件，也有助于培养孩子们的创造性发展，一旦我们给予他们足够的自由，随之就会让孩子产生越来越强烈的求知欲望。所谓的"自由玩耍"也就是指由孩子自主选择的玩耍，不要忘了这里面也包括了他们的恶作剧。

在我孙儿三岁零两个月的时候，我们家遭受到了"极大重创"。只要我一回家，就发现家里的墙壁、拉门上面全是红色油彩笔画的"×"，当时我也被这样的"伟作"惊呆了。我问妻子："这是怎么了？"她若无其事地回答着："昨天晚上他妈妈给他讲了《一千零一夜》的故事。"我一下子想起来了。那个故事是说想进有钱人家偷东西的小偷，为了做标记就在门口画了"×"。聪明的人看到了就在所有人家的门口画上了"×"，小偷就不知道该去谁家了。我想着孙子是想做那个聪明人，同时也是为了守护我们的家，所以我就原谅了他的捣蛋行为。本来我是打算对他的行为表示感谢的。但是，想着如果他总是这么捣蛋就糟糕了，要是画到别人家就更麻烦了。所以，我会当着我孙子的面非常认真地告诉他："爷爷擦掉这些真的很辛苦。"我这样告诉他和训斥他是不一样的，我只是在如实表达自己的心情。孙子认真地看着我的表情。当然，我不会非要他道歉。自那以后，他再也没有重复过相同的行为。我觉得那是因为他感受到了我的心情，"体贴他人"之心正慢慢在他幼小的心里萌芽。

面对孩子们令我头疼的恶作剧行为时，我清楚地对孩子们表达我的情绪。当他们破坏了我非常珍贵的物品时，我就会告诉他们："那是爷爷非常珍贵的东西。"我会克制自己的情绪，尽量不对孩子们说命令式的话语，因为这样会给他们的身心带来一定的压力。很多时候我的那些倾诉还是被孙儿们接受了的，他们会回复："知道了。"对于他们的回复，我会说一声"谢谢"表示感谢。得到我的回复，孩子们也是十分开心的。

正是通过在日常生活中这样的一问一答，我和孩子们建立起了深厚的情感关系。然而想要建立起深厚的情感，最重要的则是双方要有肌肤之亲。孙儿靠近我的时候，我一定会让他坐到我的膝盖上。他特别喜欢我的膝盖。第二个孙儿看我的时候，我也会把他抱到膝盖上。然后我们就玩游戏，"挤呀挤呀肉包子，谁掉下去不准哭，一二、一二"，每个孙儿都喜欢这个游戏，总是会要求再来一次。我的手臂玩着玩着就累了，我的腿也渐渐发麻了，但是看着孙儿们愉快的笑脸，我就会感到特别幸福和开心，这就是所谓的天伦之乐吧。

三岁半到五岁左右

5歳までの
ゆっくり子育て

第七章

为了培养能够清晰表达自己意见的孩子 /

"开玩笑"和"闹笑话"是幽默精神的萌芽 /

孩子不能和朋友们融洽地玩耍时应该怎么做 /

孩子喜欢用肢体来撒娇的重要时期 /

✶ 为了培养能够清晰表达自己意见的孩子

从三岁半到上小学前这一段时期，孩子最大的特征就是喜欢和朋友一起玩耍。热衷于和朋友一起玩耍的孩子说明其自主性和自我意识发展较为顺利。因此要充分给孩子和朋友一起玩耍的时间，也就是让孩子建立起和同龄人的横向关系，在一直以来的亲子纵向关系的基础上派生发展，这就是社会性发展的意义，也可以说是为将来踏上社会而发展人脉关系。若在这个时期不培养孩子的社交能力，进入小学后又没有合适的机会，那么不善交友的状态将持续到青春期。青春期又可称为"精神断奶期"，这时孩子既不愿意和父母促膝谈心，也会出现许多反抗的行为，此时拥有朋友是非常重要的。缺少朋友会让自己陷于寂寞中，许多烦恼也无人可倾诉，于是孩子就会逃学，精神不稳定，甚至发展到自杀等不良后果。发生这种情况的孩子大多都有不善交友的特点。虽然将自己的烦恼向朋友倾诉未必能获得解决烦恼的好办法，但是有朋友倾听就相当于自己对烦恼有所作为，得知朋友也有类似的烦恼之后，心情会变得平静。

因此在进入小学前，教导孩子的第一目标就是培养其交友的能力。在这点上，幼儿园有着非常重要的意义。幼儿园教育的首要目标就是社会性。

但是，如今许多幼儿园却将老师的思维强加于孩子身上。有的幼儿园会教孩子语文和数学，也有迎合父母需求实行早教的理念，并用其作为幼儿园招生的宣传卖点。像这样的幼儿园，不会培养孩子的欲望和仁爱之心，也就不会培养出他们真正的交友能力。很少有孩子会争吵就证明了这一点。不会争吵是没有尽情玩耍的表现，全心全意玩耍的孩子必然会有不同的意见，随便玩玩的孩子是不会争吵的。

在这点上，成年人也是如此。在认真考虑托儿教育和孩子需求的幼儿园，老师们会对此进行讨论，这样的幼儿园也许数量不多，但确实是存在的。老师们的神采奕奕来源于对托儿工作的热情。当然孩子们也情绪饱满，对自由活动非常在行。

有些母亲也是这样的，有很多母亲很在意父亲的感受而无法直言自己的意见。这是因为直言自己的意见容易引起情绪纠葛或不愉快。面对婆婆，也有很多儿媳选择沉默不语，从而避免冲突。无论说什么都容易引起感情不和，这完全是封建社会的形态。在民主社会，可以毫不忌讳地直言自己的意见，孩子们在幼年期会被教导应该勇于表达自己的想法。无法直言自己意见的人甚至会被认为没什么价值。

总之，没有从小就被教育要直言自己意见的孩子是无法表达自我主张的，因此教育孩子要有自己的主张是非常重要的。通过争吵，互相了解对方的想法，而争吵之后，仍然抱有想和朋友一同玩耍的心情时，自然就会去思考如何避免争吵的办法了。这是有利于促进社会性发展的。

在这期间，学会独立完成生活上的习惯是第二特征。吃喝拉撒，几乎都可以让孩子独立完成——虽然动作不熟练，但也能独自完成。

能够独立完成这些习惯，就会对生活更有信心。对生活有信心，在离开家庭时便能减少害怕的心情。因此这对于社会性的发展也具有重大的意义。

孩子在离开家庭后会遇到很多的波折，会产生紧张、不安的情绪。培养其在遇到困难时能够忍受并渡过难关的意志是非常重要的，能够抚慰紧张和害怕情绪的家庭也具有重大的意义。从事少儿不良行为研究的学者称其为"避风港"。港口外惊涛骇浪，而在宁静的港湾便可抛锚休憩。他们指出缺少避风港的孩子会做出离家出走或其他不良行为。因此，如何建立起一个温馨的，当孩子回到家中时能够抚慰其心灵的家庭，是父母的重要任务。这便是所谓的家庭和睦。若回到家中仍然要担惊受怕，孩子的心灵就会受到伤害。

以上论述的是关于这一时期的注意事项。希望父母能够好好探讨这些事项，若孩子的人格发展迟缓或是有歪曲倾向，则需要在上小学之前进行纠正。

✻ "开玩笑"和"闹笑话"是幽默精神的萌芽

喜欢和朋友一起玩耍的孩子，即便是互相争吵也仍然会寻找朋友，渐渐地找到解决争吵的办法。争吵和好后继续玩耍。

若是这个时期没有交到朋友，玩起来也勉勉强强，那就不得不重视这个问题了。玩得勉强的孩子说明即使和朋友在一起也是各玩各的，看上去玩得无精打采。玩得兴致勃勃的孩子会调皮捣蛋、开玩笑和闹笑话。这种开玩笑和闹笑话的行为，到了四岁会经常发生。有的妈妈可能会觉得这是很令人头疼的事情，但是我认为这种现象正是幽默感的生成。和欧美相比，日本人缺乏幽默感，这也是由于一直受到"认真才是好事"这一理论的教导，但是这种认真却是死板的体现。我认为推崇死板的认真是由于在封建社会，对身份高于自己的人言听计从才会受到高度赞扬造成的风气。这样的人认为开玩笑和闹笑话是不良行为，性格过于认真。但是这样会让人变得心胸狭窄，缺乏自主性和创造能力。

我的孙子在三岁零八个月的时候，从幼儿园学到了一首"小鸡鸡香肠晃悠悠"，一回到家就放声高歌。这当然不是幼儿园老师教的，是从朋友那里学来的。想必是从高年级小朋友那里学来的。孩子学后非常开心，回家还不停练习。我也跟着一块学，孙子开心坏了。

我为什么要跟着一起唱呢？一定会有人问为什么不阻止这样不雅的词汇呢？能提出这样的问题的人太过于认真了。我跟着一起唱是想让孙子也体会到"开玩笑"的乐趣，我认为这是培养孙子幽默感的开始。而且，像这样的词汇也只是一时的，很快就不说了。因为这"玩笑"已经变得不好玩了。其他可以捉弄父母的事渐渐多了起来。大概过了两个月，孙子就不再说"小鸡鸡香肠晃悠悠"这样的词了。即使我装着引诱他说起这个词，他也不再配合我了。相反，他会将双手放入口中，做出各种鬼脸引大家发笑。这些行为都只持续了数月而已。

✱ 孩子不能和朋友们融洽地玩耍时应该怎么做

不善于和朋友玩耍的孩子中有些会认为这种"开玩笑"和"闹笑话"

是不好的事。有些父母非常死板，因此对孩子严格教育，阻碍了孩子的自主性发展。那些生活习惯独立，彬彬有礼，谈吐文雅，失去天真的小绅士和小淑女，经常会被无法看透这一点的幼儿园老师评价为"好孩子"。而那些喜欢开玩笑、经常闹笑话的孩子时常被呵斥。这样的老师也是死板、太急于管教的。所以他们会经常呵斥那些看起来不是很乖的孩子，孩子们的自主性也因这样的老师而受到抑制。这是孩子无法跟朋友们融洽地玩耍的首要原因。

为了能让孩子尽情地和朋友一起玩耍，需要尽快从这种束缚中解放出来。要让孩子们自由地展现自己，最快的方法就是通过游戏治疗。所谓游戏治疗就是通过玩耍让孩子达到开放心灵的目的，老师要成为孩子的伙伴。虽然幼儿园常常会让孩子自由玩耍，但老师和孩子一起开开玩笑也是很重要的这样，在游戏治疗中，孩子就能够自由地行动，尽兴地和朋友一起玩耍。

无法交到朋友的另外一个原因是"过度保护"。所谓过度保护就是原本应该让孩子自己做的事全都由家长代劳。孩子无法学习到生活技巧，一旦缺少人照顾，就会变得害怕不安。这样的孩子大多内外不一：在家里很轻松自在，一旦走出家门就会畏缩不前。开始进入幼儿园时，他们怎么都不肯离开母亲，或是黏着幼儿园老师，也不愿和朋友一起玩耍。但是随着老师的引导，渐渐地就会和朋友们一起玩耍，由此可见，持续上幼儿园是非常重要的。与此同时，家长也要互相探讨在哪些方面有过度保护的行为。孩子自己能完成的事情，要努力让孩子独立完成。这样才能发展孩子的自主性，日后他才能够尽情地和朋友一起玩耍。

不能和朋友融洽玩耍的第三个原因是"任性"。任性的孩子，即使在幼儿园，也是我行我素，缺乏体贴老师和朋友的心。但是老师或朋友也不会听之任之。孩子一旦无法任性，就会讨厌去幼儿园，宁愿待在家里为所欲为。

这样的孩子，在家庭中肯定是有人对他千依百顺的，特别是在物质方面，孩子想要什么就给什么。点心也好，玩具也好，只要孩子想要就能得到。要尽早让孩子知道任何事都有一个限度。要学会忍耐，有了忍耐能力才能和朋友一起玩耍。

因此在三岁半到五岁这一阶段，首先要培养孩子和朋友一起玩耍的能力。

说到这里，我不禁想起了孙子的一些事。那时孙子正好四岁零八个月，全家准备外出，我们都到门口送行。正要开开心心出去的孙子，忽然滑倒在泥地里，从脚踝到裤子都沾上了泥。这时他的妈妈对他说："去把裤子换了。"于是孙子就自己爬上二楼，擦掉脚上的泥，换了裤子。整个过程，妈妈都是在门口等待。等他都弄完了，两个人手牵手地走出门。我看了后非常感动。其他的母亲们会怎么做呢？大概会先呵斥一顿，然后抱着孩子，一边唠唠叨叨，一边给孩子擦泥、换裤子。没准还要责怪孩子多事，耽误了出发时间。

孙子五岁时，去朋友家玩，或是邀请朋友来玩，又是爬树，又是在院子里玩闹。他们非常积极地探索冒险，在生活习惯上也不假借父母之手。这让我十分欣慰。

正因为大人对培养孩子有正确的意识，孩子才能发展顺利。

✳ 孩子喜欢用肢体来撒娇的重要时期

　　这一阶段的孩子非常依恋父母的肢体，经常想要坐在父母膝头或是要求抱抱。这时父母应该满足孩子的要求，抱着他或是让他坐在膝头，充分满足孩子依恋肢体接触的心情。自主性发达的孩子，较之前一个时期，其依恋肢体接触的程度会有所降低，当感到害怕或紧张时才会变得依恋肢体接触。因为这样做有助于缓解恐惧和紧张。到了学龄期，一般就不会想要爬上大人的膝头，但是会想挨着身体。那时就可以将手放在其肩头，帮助其消除害怕的情绪。这样从父母那里得到关怀的孩子也会萌生一颗体贴他人的心。心灵也会渐渐丰富起来。

　　喜欢恶作剧的孙子到了四岁以后，看到我转动脖子时就会说："爷爷，我帮你敲敲肩吧！""好啊。那就帮我敲敲吧！"我这么一说，孙子就会一边说："这可是我的拿手活！"一边敲打起来。虽然时间不长，但肩头多少也舒缓了一些。"谢谢你，我感觉好多了！"我会这样感谢他。当我在找东西的时候，他会说："我帮你找吧！"孩子眼疾手快，很快就能找到。这时我会说一声"谢谢"表示感谢之情。像这样主动的行为和被命令的行为有着完全不同的意义。如果不想做就不做，孩子完全是自由的。因此，当我要求"帮我做一下"时，如果他本人不愿意的话，他会明确地拒绝我。他有说"不愿意"的自由。这种自由之心在幼儿期是非常重要的。随着"体贴"的意识渐渐深入，当看到别人有困难时，也会自发地去帮助别人。最初是帮助亲人，渐渐也会扩展到帮助朋友。等到了青年期，当看到陌生人有困难时，也会尽自己能力给予援助。

　　长子夫妇对我们从来都不给予过度的服务。长子比较大大咧咧，不拘小节，但是关键时刻还是会非常积极地给予帮助。

当然我们也没有过让孩子给予帮助或是为我们服务的想法，但是对于孩子们，我们却有十足的信赖感，如果真的需要帮助的时候，他们必定全力帮忙。相信等孙子长大了，也会有这样的品格。

长子夫妇、次夫妇和女儿女婿不发生争吵对我们来说就是最大的幸福。小辈一家和和睦睦就是对父母最大的孝顺。

5歳までの
ゆっくり子育て

第八章

三代同堂

通过毫无拘束感的三代同堂找回家庭的温暖/

首先要学会做一个敢于对父母说"不"的人/

只有懂得体贴他人的父母才能培养出体贴他人的孩子/

可以发展孩子的积极性的环境是指什么/

所谓自由的本质，就是对于教育不要操之过急/

培养21世纪的栋梁之才/

✶ 通过毫无拘束感的三代同堂找回家庭的温暖

人能够在家里出生,最后能够在家人的守望下离开这个世界,并且如果能够把这个作为家庭的情感纽带好好维持传承下去的话,我觉得这将是最为理想的状态。

我的父母都说过想在自家的榻榻米上离开这个世界。对此我也深有同感,为此我专门选择了老年学专家作为他们的主治医生,并拜托他来做我父母的晚年健康管理。于是我的父母最终都在自己家的榻榻米上、在家人的守望之下离开了这个世界,父亲享年80岁,母亲享年73岁。自不用说,父母在临终的时候都没有接受任何的过度治疗。为此,虽然他们的生命没有得到延续,但那是因为我们出于遵从自然的考虑。不仅我们夫妇,我们的孩子们,我父母的孙子们,都能够守候在老人的枕边,坦然地接受他们庄严的死亡。

我们也希望自己能够在自己家的榻榻米上离开这个世界。而且,我们希望自己不给家人添麻烦,突然倒下去就离开这个世界。有段时间我一直在考虑死亡方式,我觉得突发心肌梗死应该是最理想的方式了,但是也未必能够如愿,所以我又和妻子商量安乐死,不过实现起来实在太困难了,最近也就放弃了这个念头。

能够在家里出生的愿望，在某种程度上已经实现了。我们的第一个孩子出生的时候，因为有各种不安，所以我们选择在医院里分娩。但是由于不能像在家里一样放松，而且也不能工作，我妻子觉得无聊透了。所以，第二个孩子，第三个孩子，都是拜托了技术高明的助产士，在家里生的。自不用说，从开始阵痛到生产结束，我都在旁边给予妻子安慰和鼓励。从那时候起我就开始有了生孩子应该在家里，在丈夫的陪伴照顾下生产这一想法。当然住宅条件也是一个很大的问题，以现在日本的住宅情况应该是无法实现的。直到妻子能够自己下床行走为止，我一直照顾妻子，做家务，等等。只有做饭是请人来帮忙的。因为我的母亲一直病弱，在这样的时候起不到太积极的作用。

孩子出生之后，我的父母就搬到我为祖母所准备的独门独户的房子去住了。我的祖母自从丈夫去世之后就一直一个人居住，但是请了佣人照顾。虽然我父亲提议一起住，但是她老人家觉得这样我母亲会比较可怜，所以希望死前都一个人住。因为祖母是一个要强又性情暴躁的人，如果真住在一起的话，说不定我那身体羸弱的母亲会早早去世。我父母应该和我祖母怀有相同的想法吧。正屋让给我们一家的同时，院子也用篱笆隔开了，为彼此创造了可以独立使用的空间。我父亲非常热衷于修整庭院，自从退休以后每天都在摆弄他的小院，所以很不希望自己精心修整的院子被自己的孙子们闯进来破坏掉。

不过吃饭的时候，大家还是在一起的，由妻子来下厨。我的父母关系不太融洽，饮食方面的喜好也不同。如果桌上摆的是母亲喜欢的饭菜，父亲就不会动筷子，而父亲喜欢吃的食物母亲也不会吃，所以妻子在饮食方面下了很大的功夫。因为父母都比较喜欢日本料理，所以跟我们这些嗜好黄油味道的人也吃不到一块去，所以必须要做三种不同口味的饭菜。母亲的肠胃不好，一直吃药调理，所以对食物非常挑剔，而外人经常不顾妻子的感受说三道四，因此妻子经常感到很难过。那时候我是在医院上班的医生，经常回家很晚，回到家里听了妻子的各种诉苦，也经常会觉得很累，很厌烦，虽然心里也产生过拒绝听她唠叨的念头，不过还是努力理解她的心情。

"如果自己内心的痛苦能够被别人所理解的话，自己就能够化解这种痛苦的情绪"，这是美国的罗杰斯提出的理论。从那时候开始，我也渐渐地开始学习研究这一理论，所以才能够做到这一点。因此妻子才会觉得我是个好丈夫。

如果我没有认真倾听妻子的烦恼的话，我觉得妻子可能会因为这种烦恼而不堪重负，会反应在身体健康上，还有可能反应在孩子身上，比如拿孩子出气。和老年人住在一起的年轻夫妇，特别是身为儿媳妇，即使在现今的社会中仍有很多人觉得很痛苦。如果丈夫没有认真倾听她们的苦恼的话，当这些儿媳妇熬成婆婆的时候，就会把自己当年所受的苦转嫁到自己的儿媳妇身上，开始欺负儿媳妇。不难推测当年她们也曾经下过这样的决心，因为自己曾经有过被婆婆欺负的经历，所以将来一定不会欺负儿媳妇，一定不当个恶婆婆，然而因为心理的创伤没有得到医治，所以最终还是变成了一定要欺负儿媳妇的婆婆。身为丈夫，因为是把自己的父母交给妻子来照顾的，所以必须对妻子心怀感激。在妻子有烦恼的时候，希望丈夫都能带着同情体贴的心，能够耐心倾听她们的倾诉，适当的慰劳也是非常必要的。

在我们家，在儿子们临近结婚时，居住问题就显现出来了。反对同住的是妻子。她的理由是不想再给儿媳妇们留下痛苦的回忆。不过我觉得即使同住一个屋檐下，只要居住方法得当的话，也不会让儿媳妇们觉得难过，所以我建议来想一个两全齐美的方案。首先，能够各自独立生活互相不干涉是最为重要的。首先我考虑到的是，外出的门要分开。也就是要让儿媳妇们毫无顾虑地进出——顾虑会夺走心理自由。在没有自由的地方，人是不会得到成长的。第二，我考虑的是，要分开吃饭。因为妻子觉得最辛苦的就是做饭这件事，所以大家都非常赞成，于是把厨房分开了。因此在同一个屋檐下，会有两个厨房。虽然不太经济，但实在是因为害怕拘束。洗脸池、卫生间，电话也都分开了。因此共同使用的部分就只有浴室了。浴室的使用只要决定好顺序就好了，幸而，因为我们三个家庭的需求不同，因此也没有引起过矛盾。我们夫妇两个大多时候都是最后使用。那是因为妻子喜欢在睡觉前洗澡。不管怎样，生活上的分离还是得到了完美的解决。午饭的时候，妻子和儿媳妇都是在自己的房间里吃的。妻子觉得这样非常轻松，很喜欢这种方式，儿媳妇肯定也是这么想的吧。

　　但还是发生了一定要妻子帮忙才行的事情。那是因为儿媳妇出现了妊娠反应。儿子希望他的妈妈能够帮他的媳妇做饭，于是就出现了妻子经常为儿媳妇做想吃的东西的情况。那应该是彼此联结的开始，从那以后，一到晚上，两个儿子带着儿媳妇经常来我们的房间，大家一边聊天，一边吃着茶点，这样其乐融融的场景经常可以看到。我也偶尔参与其中，不过因为那正是我写稿子或者读书的时间，有时候就算他们叫我，我也不一定会参加。不过，经常能听到妻子和两个儿媳妇的欢声笑语，让我心里觉得非常惬意安稳。

✱ 首先要学会做一个敢于对父母说"不"的人

我因为有过多次在欧美生活和旅行的经历,所以开始思考日本人为什么会比较拘谨。因为在欧美,人与人之间很少有这种顾虑。也就是说在与人交往的时候,不管想说什么,或者想做什么,完全不用顾虑对方对自己的看法,会让人觉得非常轻松。特别是在对别人说"不"的时候会表现得非常自然,也就是会明确地表达自己的想法。在被朋友邀请"要不要去喝一杯"的时候,如果不想去的话,无论自己因为什么不想去,直接说"不"就好了。对方也会对这个"不"表示尊重。最多回应一句:"是吗?"这件事就过去了。并且,对方也不会因此觉得拒绝的一方有什么不得体。

在日本,说"不"是一件相当不容易做到的事。因为你会被人在背后说坏话。违背自己的意志而去顺从他人,自己也会有很多的不满。特别是当屈服于非本意的命令式的压力之后,比如在职场上不能明确地表达自己的意见的时候,所积累的不满可能会在回家以后面对妻子的时候表现出来,也可能在酒桌上对上司无理取闹,或者在同事一起去喝酒的时候释放出来。

在这一点上,在欧美,酒席被认为是气氛融洽的享乐的场合,只要没有什么特别的事,几乎不会有人出来捣乱。另外,也是因为可以对上司明确地表达自己的意见。关于这一点,让我忽然想起了一件有趣的事情。那是在我访问奥地利的小儿精神神经学研究所时发生的事。当时我去拜访一位挚友,他是这个研究所的所长。我一进他的房间,发现他正在和一位年轻的女医生谈论事情。因为他说希望我能稍微等一下他,所以我就坐在了旁边的椅子上等着。我无意中听到他们其实是在围绕一位患者的诊断结果而争论着。身为所长的他，只要一说那份诊断结果之所以错误的理由，那个女医生立马就会反驳他。那个女医生很直截了当地表达出了自己的意见："你说的是不对的。"而在听取了女医生的分析理由之后，所长也仍然坚持自己的看法。他们其实已经持续讨论了好几个回合了，估计得有10分钟左右吧。最后所长提出说："我现在有客人在，所以回头我们再继续讨论吧。"女医生也就同意了。这才将争论暂告一段落。在女医生走出房间之后，所长先是对于让我等了这么久表示歉意，后来又把他和女医生讨论的主题跟我简单说明了一下。但是他一句都没有说女医生诸如狂妄自大、真难缠之类的抱怨责备的话。我想正是因为欧美的上司不会有什么责备抱怨，所以才能有像他们刚才那样精彩直接的讨论吧。如果换作是日本的上司的话，如果你敢对上司有那么狂妄自大的态度，那肯定是要被埋怨指责的。因为害怕被上司责备，所以会产生"胳膊拧不过大腿，我还是老实待着吧"这样自我保护的念头。

知名的育儿专家斯波克博士，曾经受日本私立幼儿园协会的邀请去给幼儿园的老师做演讲。在演讲一开始，他就提出了这样的观点："在日本，其实正在培养着不敢说'No'的孩子。"接下来他又说："台下既有对我的观点持反对意见的人，也有心中倍感疑惑的人，但是我都没有让他们一开始就提问，我非常希望他们能先听听我的演讲，如果有什么问题在演讲过程中再去提问，在演讲进行到2/3的时候我会问：'有哪位有什么问题吗？'"

但是，当他这样询问时竟然没有一个人举手。斯波克博士又问："没有人要提问吗？"坐了3800人之多的会场里竟然异常安静，让人感觉演讲一度陷入了非常尴尬的局面。当第三次问道是否有人提问的时候，有两位想要打破这种尴尬局面的老园长举起了他们的手。为什么年轻的老师们不提问呢？和斯波克博士有着不同想法的人肯定是有的，但我认为，要么是确实没有问题要问，要么就是即使有问题，很多人也会想着如果自己提问了肯定就会被别人说三道四，所以才不提问。

我也经常到幼儿园或小学里面去做演讲。演讲完即使我问："大家有什么问题吗？"也没有一个人举手提问。基本上演讲也就那样结束了。但是，当我去卫生间的时候，从隔壁女卫生间里就会传来"他说的那种想法真的是太理想化，太不切实际了"这样的声音。那是她们对我指责抱怨的话语。可她们如果真是这么觉得的话，为什么在我刚才让她们提问的时候却不直接说出来呢？估计那是因为她们心中有拘束感。

即使是夫妻之间有时候也是存在"拘束感"的。在平时的相处中，妻子对丈夫有"拘束感"的例子比较多。比如有的妻子即使对丈夫有反对意见也不敢直接讲。那是因为她们害怕如果把自己的意见直接跟丈夫讲的话，丈夫就会生气，反而就变得更加不敢讲了，在这一点上，大多数欧美女性都会直接讲出自己的想法——"我需要先和丈夫商量一下"，诸如此类的话她们是绝对不会说的。她们会按照自己的想法去决定并明确告知对方是"Yes"还是"No"。当然，她们也会把丈夫的意见加以考虑。

为什么日本人会生活得如此拘束呢？那是因为从很小的时候我们所接受的教育就是要注意别人的眼光。比如"你这样会被笑话的""这样会被训斥的""竟然做这么丢人现眼的事情"……不停地被教导着要注意他人的眼光。这种教导在欧美国家是绝对看不到的。

另外，那种不管父母或者老师说什么都要说"好的"并去遵守执行的教养教育方式直到今天也仍然存在着。这其实是在教给孩子让他们去服从有权力的人。接受了这种教育方式的孩子，即使他们有自己的想法，也不敢直接表达出来，如果说出来的话估计也会被责备为"坏孩子"。在欧美国家的教育方式中，他们是鼓励孩子们把自己的意见勇敢直接地表达出来的，这简直可以说是和日本完全相反的教育方式。有很多人认为拥有自己的想法以及把想法直接说出来是不好的事情，这全都是这种教育造成的。甚至可以说，是因为等级社会的思想根深蒂固地残留着所造成的。所以人们必须一边顾虑着别人会如何看待自己的言行举止，一边谨慎地去生活。当然这样一来也就必须要对他人持有防范心理了。

但是，如果把这种"拘束感"从自我防卫变成一种考虑对方感受的姿态的话，就会发展成为"体贴他人"之心。所谓体贴他人，在完全忘记自己存在的时候，就会表现得很明显。从这一点上来讲的话，在没有拘束感的社会，利己主义的人可能会变得非常多。因为他们只会从自己的立场上考虑问题而直接说"No"。如果考虑到这一点，拘束感也是有它存在的意义的。

✼ 只有懂得体贴他人的父母才能培养出体贴他人的孩子

所谓体贴他人，就是可以站在对方的立场上考虑事情，并且照顾对方感受的一种能力。我把这种能力叫作有"同理心"。

所谓体贴他人的人，是那种哪怕你只是待在他的身边心里都会觉得非常温暖的人。他们绝对不会说一些命令人的话，也绝对不会强迫别人做事。面对那样的人，你会很轻易就敞开心扉。当你敞开心扉的时候，他们会非常认真地去聆听，但对于你说的内容，他们一般也不会随便加以评判。当然，他们也绝对不会去责备你。这样一来，你就会觉得自己的心意能被对方很好地理解。然后，在不知不觉之中，你就会感觉自己已经把问题解决掉了。

我认为有体贴他人之心和有同情心还是各有不同的。同情心是指处于较高地位或较好条件的人对处于劣势的人的一种感受，而有体贴他人之心和处境没有任何关系，那是一种不带有任何个人感情色彩的状态。大概相当于"无私"这个词的含义。

如果是妻子的话，就是指拥有可以站在丈夫的立场考虑问题并顾及丈夫感受的力量。如果是丈夫的话，那就是指拥有可以站在妻子的立场上考虑问题并顾及妻子感受的一种力量。如果两个人都是充分体谅他人的类型的话，即使是面对需要夫妻二人充分商量的事情，应该也不会吵架。在亲子关系中，可以站在孩子的立场上考虑问题并顾及孩子感受的父母，就是体贴他人的父母。因为越小的孩子，他们体贴他人的心境就越处于未发育的状态，他们主要是受父母的要求行事。站在孩子的立场上考虑问题且顾及孩子感受的父母是绝对不会责骂孩子的。经常训斥责骂孩子的父母，肯定是那种以自我为中心的人，所以他们心里体贴他人的心意自然也就非常少了。

能体贴他人的人，不仅仅对家人非常体贴，对邻居也会很友好，对一起乘车的其他乘客也很友好，对世界上正忍受饥饿之苦的人也很友好，他们怀着一颗体贴别人的心，去思考并去做一些自己力所能及的事情。

有着体贴他人之心的父母培养出来的孩子，他们自己那体贴他人之心也会一点一点地萌芽出来，并渐渐地发育成熟。等到了青年时期就会表现得非常明显了。所以，对于让孩子具备体贴他人的美德这件事情，不可以过于急切地去期待。比起这个，为了让自己的孩子可以成为一个能体贴他人的人，父母们为此不断努力才是更重要的。所以反省一下自己面对孩子的时候是不是经常命令或者训斥孩子。试着反省一下，你就会发现，虽然嘴上说着是为了孩子，有时候却是自己的自私之心在作祟。拥有充足的体贴他人之心，在所有的人格品性当中，是最重要的一点。但是，人们往往很容易就变得自我起来，很难变得去充分体贴别人。正因为如此，自己才会变成不仅夫妻不和，而且还会训斥孩子的那种父母。但是庆幸的是，只要自己不断地去努力纠正自己那种以自我为中心的心，体贴他人的心就会慢慢变得丰满起来。这就是所谓的人性。

✱ 可以发展孩子的积极性的环境是指什么

"积极性"也经常被说成是"干劲"，只要有积极性就可以战胜困难，但那是以自己本身去思考、去行动为前提的。也就是说，必须要以自己思考，自己选择行动，有不依赖别人的行动力，以及自主性为基础。那些自主性比较强的人，他们总是精神饱满。自己发现自己要做的事情，然后竭尽全力地去执行。像这样的人就是有积极性的人。所以，对他们而言是不存在无聊这种事情的。那些不知道自己要做什么的人，才会一味地去看电视。这其实就是一种享乐的态度。像这样的人他们非常缺乏创造力，如果在没有电视或者其他休闲娱乐道具的地方，除了无所事事他们也不会别的了。人生就会变得非常无趣。比如，旅游的时候，有的人一进到住宿的房间就会马上打开电视。所谓的旅行，本来就应该是以去欣赏当地各种各样的风景为目的，他们却完全没有去培养自己鉴赏风景的能力或陶冶情操的想法。那些把便携式耳机挂在肩上一边走路，一边听着音乐的人，应该可以说是几乎没有自主性和创造性的。旅行的时候，只要是在所到之处积极地去丰富自己内心的人，可以说大多是非常主动且具有创造力的人。

关于这一点，年龄越小的孩子，他们越是主动且有创造力。他们一旦开始会爬或者迈步的时候，就会对所到之处的东西表现出强烈的好奇心，并会旋转摆弄它们。他们会开始琢磨：那种东西是什么样的一种东西，它到底能不能吃，会不会坏了，等等。他们要么用手摆弄，要么放进自己嘴巴里。虽然可能是在搞恶作剧，但是这种行为在儿童心理学里面被称为"基于探索欲的行为"（探索行为），这对自主性的发展有着非常重要的意义。也就是说，因为我们能充分认可孩子们基于好奇心的恶作剧，孩子们的自主性才能得到充分的发展。所以，在还未满三岁之前，随心所欲地思考，把手上的东西重新组合起来，想着去做出其他新形状的东西来，这就是孩子具有创造性的表现。大多数正在研究创造性的人都一致认为幼儿时期是创造性的萌芽阶段。但是，有的人打着教育的名目，践踏着孩子创造性的萌芽。随着年龄的增长，孩子们就被硬生生地改造成了不再有自主性和创造性的人。那是因为，所谓的创造性原本应该是一种打破现有模式而创造出新东西的能力，但很多时候，教育却变成把孩子束缚到单一固定模式里的方式了。

不让孩子恶作剧，他们的自主性和创造性发展就会受限。自主性发展顺利的孩子，在2~3岁期间会出现"第一叛逆期"，而这些孩子却迟迟没有出现，这就足以证明这一点了。那种叛逆的状态是指孩子会开始拒绝父母的要求，会开始变得有自己的想法，会变得不听父母的话。而这种状态对自主性的发育来讲是有着极其重要的意义。这在儿童心理学中被称之为"第一叛逆期"，这和到了青春期会出现的"第二叛逆期"是相对应的。我把孩子在7~9岁之间爱顶嘴的阶段命名为"中间叛逆期"，这正是强调孩子爱顶嘴所具有的重要意义。孩子们本身就是通过恶作剧和叛逆才使得自主性和创造性得以发展的。父母们必须充分认识到这一点，并在养育孩子的过程中努力实现孩子自主性和创造性的发展，这是非常重要的。不要让他们变成稳重文静、只听父母的话的孩子。对于那些1~3岁的孩子，如果他们的性格非常稳重，非常听话，虽然对大人来讲这种孩子非常好带，但是这种孩子的自主性其实已经停止发育了，而且他们的创造性也并没有开始萌芽。再者，父母所说的话和他们的养育方式也并不是完全正确的，所以把自己错误的价值观灌输给孩子的父母并不少。

在许多用错误的管教方式培养孩子的父母当中，因为他们很坦率地遵从了这种错误方式，就导致孩子正逐渐走向错误的人生方向。从这一点来讲的话，孩子在未满三岁之前的阶段是最为重要的时期。俗话说"三岁看老"，也就是说虽然孩子们还小，但是在他们心中是有"自主性"和"体贴他人"等品性的，这一点在我们的研究中越来越明确地被证实出来。如果自主性的发育受到了抑制，那么在他们3~4岁之间本来应该出现的寻求朋友的想法会表现得非常不足。3~4岁期间，那些自主性顺利发展的孩子，都会很积极地开始寻求自己的朋友，一旦结交到了自己的朋友，他们也都可以和朋友很愉快地玩耍。当然，基于自主性发展的自我主张和朋友的主张互相碰撞的时候，虽然会激烈争论到面红耳赤，但是争论的同时还是会和朋友一起玩耍，那是因为和朋友一起玩耍是非常愉快的事情。这里所说的玩耍，其中也包括了恶作剧、冒险和探索的活动。这样一来，就很好地培养了孩子的社会性，但是如果换作是自主性发育迟缓的孩子，他们是不会想着积极主动地去寻求结交朋友的。在幼儿园，尤其在那种可以自由玩耍的地方，他们就会变成无所事事或者到处瞎晃悠的孩子。所谓的自由玩耍，就是让玩耍这件事"完全听凭"孩子的意愿。我们通常把重视孩子自由玩耍这种保育方式称之为"自由保育"。因为在这种"自由保育"之中，孩子们的自主性得到发展的同时，积极性也变得旺盛起来。在那种非常重视孩子自主性发展的幼儿园里面，他们一定是以"自由保育"为主体的。他们不会填鸭式地教给孩子东西，而是会非常尊重孩子们自由选择的游戏，虽然这看起来像是让孩子们自己去玩而已，其实并非如此。老师们会认真仔细地钻研教材，搭建环境，还会认真、仔细地观察着每一个孩子是如何发育的。所以，其实这是一种难度非常大的保育方式。

不管是自主性也好，还是积极性也好，只要没有给予孩子充分的自由，它们就绝对不会得以发展。

✲ 所谓自由的本质，就是对于教育不要操之过急

但是，在日本，没有完全理解自由本质的人是非常多的。其实在给孩子自由的时候，大人必须有强烈的责任感才行。那是因为对于孩子，我们是绝对不能放任不管的，尤其在教育上。但是，因为大家有时候

会使用"自由放任"这个词,就导致有人将"自由"和"放任"的概念混淆在一起了。这样的人,应该说他们完全不知道自由的本质是什么。而且,那些不清楚自由本质的人,却说给予孩子自由是非常不好的事情。持有这种观念的教育者,他们肯定没有理解《基本教育法》中的第一条和第二条内容,我在这里给大家列出具体内容:

第一条 教育目的

教育,是指以完善人格为目标,作为和平国家及社会的一员,热爱真理与正义,尊重个人价值,重视勤劳与责任,必须下定决心去实现培养充满自主精神、身心健康的国民。

第二条 教育方针

必须要在一切机会,一切场合去实现教育的目的。为了达成这个目的,我们必须要尊重学问的自由、结合实际生活、培养主动精神、通过互敬互爱和团结协作,努力为文化的创造和发展做出应有的贡献。

那些把"自由"与"放任"混为一谈,而且把"自由"说得好像是坏事一样的人,他们期望的是标准化的教育。所谓的标准化,是指把孩子们凑到一起强制他们去做同样的事情。即使是问候、打招呼都会教给孩子们统一用语,让他们穿着同样的衣服,命令他们做相同的事情,而且强制实施等级社会的管教方式。为把班级里的孩子们整整齐齐地聚到一起然后去做相同的事情而感到高兴的老师,他们难道是无视自由吗?不是的,他们其实是没有能理解"自由"的真正含义。在父母们当中也是一样的,这样的人并不在少数,这就是日本目前的现状。特别是那些把管教放在优先地位,想着把孩子禁锢在一种固定样式里的父母们，可以说他们根本没有理解自由的含义。

那么，给予孩子自由到底应该是一种什么样的培养方式？其实就是指对于管教不要操之过急的一种培养方式。那是因为虽然日本的管教方式特别多，但总是基于等级社会的思考方式而想着把孩子们禁锢到一种固定样式里面去，稍不注意就会把孩子培养成那种在意世俗的眼光、特别有拘束感的孩子。把孩子们逼到了一种连对他们自主性发展极其重要的恶作剧都不能去做的境地之中。那就变成了只会服从和屈服，没有自己独立思考方式的孩子，而到了青春期以后那种需要具有自主性的生活一旦变多，他们就会备受挫折。因此也就出现了只有在日本才比较常见的儿童拒绝上学的现象。对于那些到了青春期以后忽然变得拒绝上学的孩子，如果试着调查他们过去的成长史，就会发现他们中有相当多都是非常听父母和老师的话，学习成绩也非常好的孩子。直到他们开始拒绝上学之前，他们应该一直都是那种让父母们觉得非常自豪的孩子。他们一旦开始拒绝上学，就开始动用非常可怕的家庭暴力，主要是对自己的母亲，又是拳打又是脚踢，又或者是以把别人撞到一边等方式来折磨自己的父母。这种暴力，其实是包含了对服从的抗拒和对父母的撒娇两种成分在内的一种暴力。而且，他们的生活习惯也会变得完全混乱起来，既不洗脸也不洗澡，自己的房间也乱得一团糟。这是因为以前他们只是在父母的命令之下，才能做到好好遵守生活习惯，好好收拾整理而已。这足以证明，那些乖乖地听父母和老师话的孩子，他们自主性的发展其实已经停滞不前了。不给予孩子自由就是原因之一。

给予孩子自由这件事，虽然对于给孩子自由的父母来说意味着一种极大的责任，但是同时，也必须要去培养孩子们承担责任的能力。

所谓的这种能力，虽然很多人认为是一种去好好完成别人所命令之事的能力，但其实并非如此。所谓的责任，应该是针对自己言行的一种责任，是要求自己对其所说的话、所做的事情都要承担相应的后果。但终究，必须得基于具有自主性的基础之上。对于自己当时的言行，是否对和别人之间的沟通能起到相应的作用，会不会给别人添麻烦，是不是只是被自己的欲望所支配，等等，都要好好去思考一下，然后再去有所言，有所行。从这一点来讲，那些只是乖乖地听父母和老师话的孩子，他们的责任能力是完全没有得到培养的。正因为如此，当他们忽然被给予自由的时候，他们会变得不知道如何去做，所以才会发呆走神，做出一些毫不顾忌别人的荒谬事情来。

✱ 培养 21 世纪的栋梁之才

那么，所谓的坦率是指什么意思呢？是指可以把自己的感情和意见直接地表达出来。对于人类来讲，都会时不时地引起一些感情波澜，或者脑海中闪出一些想法。能把这些感情和想法清晰地表达出来，也就是说，可以真实地展现自我的话，就是对自己的一种坦诚。如果不能认可这些，并极力隐藏的话，那就变成了对自己的一种欺骗。想搞恶作剧的时候就去恶搞，想反抗的时候就去反抗，想争吵的时候就去争吵，能够做到这些，才能说是孩子们真正地展现出自我。

但是，必须要知道会有因你的这些行为而感到为难和痛苦的人存在。这一点必须亲身体验才行。这个时候如果体贴他人的心开始萌芽的话，就会慢慢地培养努力让自己不去做一些让别人为难和痛苦的事情的心理准备了，这也被人称之为"自控能力"或者"自律性"。这样培养起来的自控能力，和只是服从父母告诉的"不可以这样"的能力是完全不同的。不管父母或老师在与不在，因为这是通过自己的想法来对自己的行为做出统治的力量，不管在哪里都会表现出一样的言行。但是，因为自控能力要经过各种各样的体验积累，是在体贴他人的心理慢慢萌芽的同时才会成长的一种能力，所以不可以过于急切地去期盼。

在"第二叛逆期"结束之后，孩子们体贴他人的心理才明显地表现出来，他们才会变得具有自控能力。这就要求父母也好，老师也好，在必须具有开阔的心胸以及体贴他人心意的同时，还必须要有很强的忍耐力。在这里要有宽松的心态。宽松的心态到底是一种什么样的心态呢？不知道这种心态为何物的大人们也有不少吧？那是因为他们被养育成了那种如果不总是孜孜不倦地行动着就会有一种没有生活实感的人。宽松的心态是一种或者眺望一下天上飘动着的朵朵白云，或者听听开水沸腾的美妙声音，或者目不转睛地盯着花儿品味鉴赏的心态。至于没能培养出这种心态的原因，排在第一位的应该就是经济上的不宽裕所造成的。在昭和三十五年(之前)，日本都是被称为"贫困国家"的，那时候很多人如果不辛苦劳作是没有办法生存的。这种情况直到我们成了经济大国之后也还是继续存在着，大家都沦落成了经济性动物。即使经济在逐渐增长，精神却反而越来越匮乏。说到这一点，紧接着的第二个原因就浮出水面了。那就是，因为许多父母或老师总是认为玩耍是非常不好的事情。对大人来讲，玩耍会消磨时间，而对孩子来讲的玩耍，却是一种生活和学习，而且其中也蕴含了他们丰富的创造性。而不理解这一点的父母或老师，可以说他们是那种没有宽松心态的人。

因为父母或老师没有一种宽松的心态，所以孩子们才会变得只会埋头苦学，自主性和创造性也受到了抑制。

父母或老师再进一步去拥有更加宽松心态，给予孩子们更多的自由，是非常有必要的事情。

5歳までの
ゆっくり子育て

后记

从我开始研究孩子迄今，已经近 50 年了。其间，主要的研究课题是追踪孩子的发育过程以及寻找孩子们问题行为的原因。从这些研究中，我渐渐清楚地知道：人格是如何形成的，人格扭曲是如何引起的。最终我得出结论：为了培养孩子的积极性和体贴他人的品格，对他们的教育是绝对不可以操之过急的。

从高中时代开始，我就非常喜欢孩子，那时候也经常和孩子一起玩。和孩子一起玩耍的时候，我会变得无比快乐。虽然以此为契机，我成了一位主要钻研孩子的研究者，但是其实在我职业生涯的前 10 年，我主要从事的是儿科医生的工作。但是渐渐地，我发现关于孩子的教育非常有意思，所以我告别了儿科医生这个角色，想想到今天已经有 30 多个年头了。支撑起这种研究乐趣的，正是和孩子们一起玩耍时的无限快乐。30 年来我们举办的以小学生为对象的夏令营（比目鱼夏令营)之所以能够一直坚持下来,我认为也正是因为有这种和孩子们一起玩耍时的快乐感。我自知自己已年过花甲,也感受到自己的身体正一天不如一天,但却燃起了想亲自参加夏令营的想法,这也都是因为和孩子们一起时有这种玩耍的快乐。每次和孩子们在一起玩,孩子们身上所具有的美妙和优秀品质就会传染给我,而且我从孩子们身上也学到了很多很多。但是身体的日渐衰弱是欺骗不了自己的,所以最后很无奈只好放弃亲自参加夏令营的想法了。

其实我也经常和我的孩子一起玩耍。但是,当时我的孩子们以一年半左右的间隔期依次降生,当我被妻子逼迫着去照顾孩子的时候,简直就如同战争一样。虽然这其中也有快乐,但我认为更多的却是自己忙到忘乎所以的一面。之后,孩子们也都和自己心爱的对象结了婚,也各自有了自己的孩子。对我来讲,和孙子们在一起玩的时间就多了起来。现在,因为我已经有了八个孙儿,当他们进入我的房间的时候,房里真的变得就像战场一样,虽然他们经常搞破坏,但是这其中的快乐真是没得说。而且我从孙儿们身上也学到了很多东西,对于像我这样的研究孩子的学者来讲,他们真的是一种极其珍贵的存在。因为在和他们玩耍的同时,他们也接连不断地给了我新的研究题目。从这一点上来讲,我越来越觉得,一直以来的婴幼儿心理学都太过于平庸了。那是因为通过调查很多孩子的发育状态来计算出平均值的研究太多了。算平均值这件事会把每个孩子个体间的发育差异直接忽略掉,这恐怕会把保育及教育引导到一个错误的方向去。这一点，我也是通过和我的八个孙儿一边玩耍一边追踪他们的发育过程才清楚地知道的。他们每个人的发育过程都是不一样的。

　　通过长年从事和孩子有关的研究，我达到了这样一种状态：只要培养孩子的积极性和体贴他人之心，我就可以把孩子的人格形成过程经营得顺顺利利，绝对不会让他们变成有问题的孩子。从这里面，我清楚地知道了不责骂的教育是非常有必要的。我个人也不记得曾责骂过自己的孩子。特别是从40年前提倡不打骂教育开始，我就已经清楚地确定了我的教育态度。尤其是当我对于有问题的孩子尝试了"游戏治疗"及治疗教育之后，得知了通过不打骂孩子是可以提高治疗教育效果的。幸运的是，最后这些孩子也都变成了不打骂别人的人。从这一点上来讲，我完全不能理解那些对于向孩子实施责骂或体罚持肯定态度的人，我甚至总是在想这样的问题：这样做的父母或保育人士是内心非常冰冷的人吗？特别对于体罚，我自己是持完全否定态度的。孩子做错事情，其实是父母错误的教育方式导致的。父母实施了错误的教育方式，反而将错误归咎于孩子，并去责骂惩罚孩子，这些父母岂不是太为所欲为了吗？孩子其实从出生开始就具有满满的积极性，而且他们自己也是希望能被培养出一颗体贴他人之心的。而践踏他们这种积极性与希望的，却正是这些被称之为"父母"或者"老师"的人。仔细想想真的很有讽刺意味。

　　现在，关于怎么做才能更好地培养孩子的积极性和体贴他人之心，我认为父母也好，教师也好，都到了要重新考虑这个问题的时候了。那是因为现在大家都认为是父母或教师们打着管教的名义才剥夺了孩子们的自由的。

这本书，主要聚焦于婴幼儿时期孩子的培养，而且，在本书中我引用了一些关于我孙儿的趣事，试着写下了在那时那刻我对孙儿们实施了怎样的相关教育。如果能为您提供参考，我将感到非常荣幸。

本书是根据1982年4月由PHP研究所刊登的《爷爷的育儿学》更换标题所得的作品